How People Move Around

By Linda Bruce

Contents

Introduction

People move in different ways.

Newborn babies cannot move from one place to another by themselves.

Children walk, run, ride bikes and even skate.

Adults walk and run, too.
They also use bikes and other machines to move around.

adult

of movement

older person

Older people sometimes need help to walk.

How babies move

Newborn babies cannot walk, because their muscles and bones are not strong enough.

Newborn babies can move their arms and kick their legs.

As babies grow stronger, they learn to roll over.

Next, they learn to crawl.

When babies are about one year old,
they learn how to stand up by themselves.

After they can balance,
they try to take their first steps.
Soon they can walk and run everywhere.

Playing games

Before children go to school, they learn how to climb ladders and swing on bars.

After children have been at school
for a little while,
they often take part in team games.

They run fast and leap high into the air
when they play baseball, basketball
or football.

Did you know?

Dancing is another way of moving.
It can be slow,
or it can be fast and exciting.

Learning to swim

Many children have learned to swim by the time they are five years old.

First, they learn how to float. They learn how to kick their legs and move their arms through the water.

Next, they learn how to take breaths.

When they are older,
children can go in races
at their school swimming carnival.
To start a race,
they need to know how to dive.

It is important to practise
if children want to be good at swimming.

Riding around

Most children learn to ride bikes when they are four or five years old.

Many older children enjoy BMX riding. They go fast and have fun.

When children cannot move about on their own, they use wheelchairs.

Some children can turn the wheels by themselves.
Others have wheelchairs with motors.

DID YOU KNOW?

Basketball is one of the sports that people can do in a wheelchair.

Many children like horses and learn to ride them.

When they are better at riding, some children take part in show jumping.

Did you know?

The rider and the horse must work together to jump over the fences.

Skateboards and in-line skates

Many children learn how to use a skateboard or in-line skates.

Riding a skateboard is exciting. Some children can do tricks on their skateboards.

There are special skate parks with ramps where children can learn to skate.

How Amy learned to skate

1. Amy put on her in-line skates
and stood up straight.
She began to wobble a little.
It was hard for her to balance.

2. Next, Amy tried
to walk forwards.
It was not easy at first.

3. When she was sure
that she could balance,
Amy pushed off with her legs,
and rolled along the path.

Learning to ski

People use skis
to move over water and snow.

A motor boat is needed for water skiing.
The skier holds onto a bar with a rope,
and is pulled along behind the boat.
The boat goes slowly at first,
and then it speeds up.

The skier slides along
the surface of the water.

People use different kinds of skis
to slide over snow.
They use special poles
to push themselves forwards.

Older people moving around

Many older people like to keep fit.

Some older people may need help to move around.

They can use a walking stick or a walking frame.

Sometimes, older people have to use a wheelchair.

Machines to move us around

People use different kinds of machines to go long distances.

They can use cars, buses or trains to travel on land.

They can use boats, ships and planes to travel over the seas and oceans.

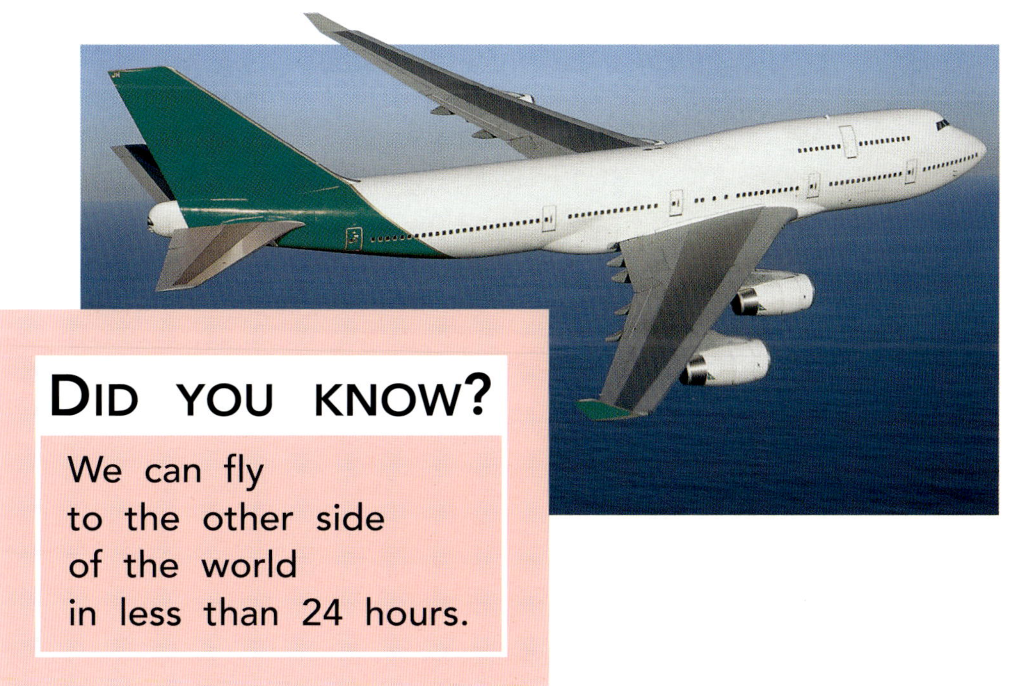

DID YOU KNOW?

We can fly
to the other side
of the world
in less than 24 hours.

Can you think of other ways that people move around?

Questions

1. What is a way of moving that can be slow, or fast and exciting?
2. What is one of the sports that people can do in a wheelchair?
3. What do the rider and the horse have to do to jump over fences?
4. How long does it take to fly to the other side of the world?

Glossary

balance	to be steady and not fall over
BMX	bike racing for young people, which takes place on a dirt track
motor	a machine that makes power to work other machines
muscle	a part of the body that helps us to move
ramp	a smooth surface with sloping sides

EXTRAIT DU TARIF GÉNÉRAL

ET DU

CATALOGUE DES STATUES

DONT LES MOULES ET MODÈLES SONT LA PROPRIÉTÉ

DE LA

MAISON BESAND

38, rue Bonaparte A PARIS rue Bonaparte, 38.

PARIS
ADRIEN LE CLERE
IMPRIMEUR-LIBRAIRE DE N. S. P. LE PAPE ET DE L'ARCHEVÊCHÉ DE PARIS
RUE CASSETTE, 29, PRÈS SAINT-SULPICE.

1861

OBSERVATIONS ESSENTIELLES
POUR LE PRÉSENT TARIF.

Les premiers chiffres de chaque catégorie du tarif indiquent la hauteur des statues, et les suivants leur prix.

Les colonnes n° 0 fixent le prix des emballages; celles n° 1, 2, 3, 4, 5, 6, sont applicables aux statues neuves ou anciennes, qu'on voudrait faire dorer, peindre ou décorer.

La pâte de bois, quoique bien plus résistante à l'humidité que le carton pierre, ne doit pas se placer à l'extérieur, attendu qu'il entre de la gélatine dans sa composition; mais elle a sur toutes les autres matières l'avantage de la légèreté, qualité précieuse pour les statues devant être portées en procession, ou être expédiées à de grandes distances.

La pâte de fer (matière brevetée) est très-solide, même dans les lieux humides; elle est par son prix accessible à toutes les paroisses; le plâtre peint est beaucoup plus solide que le plâtre pur, il peut par sa préparation à l'huile résister à l'humidité.

On appelle décors riches la peinture polychrome à l'huile ou à la cire, rehaussée sur toute sa surface de broderies dorées, et les chairs peintes couleur naturelle. Ces peintures, style moyen âge, ont l'avantage de pouvoir se laver à volonté, et de retrouver en tout temps leur beauté primitive.

On appelle décors simples la peinture polychrome sans ornement sur les draperies, mais avec des filets dorés et les chairs peintes.

Les statues sortant des ateliers de la maison sont bien connues pour avoir des formes plus artistiques, et un caractère plus religieux que celles qu'on trouve habituellement dans le commerce de Paris; elles sont belles, solides et d'un grand fini.

Comme le port et l'emballage des statues médiocres sont aussi chers que ceux des belles statues (même dorées ou richement décorées), il y a donc intérêt à ne faire voyager que des travaux bien exécutés.

Outre les dessins joints à ce tarif et représentant seulement une partie des statues dont la propriété appartient à la maison, elle en possède une infinité d'autres, dont les noms sont indiqués dans les feuilles suivantes.

Cette grande et unique collection en France, s'augmente chaque jour par de nouveaux modèles. La maison peut donc fournir à toutes les demandes qui lui seraient faites.

Elle a dans ses ateliers des artistes de mérite, pour exécuter en terre cuite, en bois, en pierre ou en marbre,au prix du tarif, toutes les statues non indiquées dans la nomenclature des saints dont elle possède les moules (500 et plus). Elle est spéciale pour tous les travaux d'intérieur d'église, autels, retables, tabernacles, chaires à prêcher, stalles, confessionnaux, etc., etc., en pierre, bois, marbre et cuivre; statues de tous genres et de toutes matières, chemins de la croix en terre cuite, pâte de fer, pâte de bois et plâtre, pierre et marbre; bâtons de Confréries, expositions, fonds baptismaux, bénitiers, etc.; bronzes dorés, vernis ou argentés, tels que chandeliers d'autel, candélabres, bras d'autel et d'exposition, lampes, encensoirs, croix de procession et de célébrant, bénitiers, couronnes de Vierges, etc., etc.; souches et cierge pascal dans toutes les grandeurs. La maison se charge de faire des tableaux peints à l'huile de toute grandeur et à très-bas prix.

Elle garantit ses travaux contre tous événements de route et d'emballage jusqu'à destination, pourvu que le destinataire à l'arrivée des caisses remplisse les formalités ci-après : ne payer les frais de port qu'après avoir déballé en présence du voiturier et reconnu les objets intacts; s'il y avait avarie, refuser le payement de la lettre de voiture, et faire rédiger par le maire ou un agent de la commune un procès-verbal constatant avec détails les parties brisées ou avariées, la cause présumée avoir occasionné la détérioration, qui ne provient généralement que d'un choc violent, soit dans le transport ou le déchargement des caisses. Ce procès-verbal sera fait sur papier libre, il sera signé du voiturier, de l'agent de la commune et d'un témoin ayant assisté au déballage.

Si la paroisse n'est pas desservie par le chemin de fer, et qu'on soit obligé de faire prendre les caisses dans un bureau restant, il faut ne les accepter qu'après avoir fait mettre au dos de la lettre de voiture, par l'agent qui en fait la remise, la mention suivante : « Les objets mentionnés dans la présente, ne sont acceptés par le destinataire que sous toutes réserves, en cas d'avarie à l'intérieur. » Cette déclaration doit être signée.

Elle donne par correspondance tous les renseignements qui lui sont demandés, et elle se charge sur la place de Paris, et sans rétribution, de procurer tous les objets qu'elle ne fabrique pas.

La Maison renvoie à une autre année la publication de l'Album et Tarif du mobilier d'église. En conséquence, elle prie MM. les Architectes de vouloir bien lui transmettre leurs dessins, et elle s'empressera de leur en adresser le devis estimatif.

NOTA. Les Lithographies jointes à ce Tarif indiquent la forme des Statues, mais non la beauté et l'expression des figures.

TARIF GÉNÉRAL

DES

STATUES DE TOUTES MATIÈRES QUI SE FONT DANS LES ATELIERS DE LA MAISON BESAND

38, RUE BONAPARTE, 38. A PARIS. — FÉVRIER 1861.

PLATRE					PATE DE FER					PATE DE BOIS ET CARTON-PIERRE				
Dimension.	Naturel.	Durci et peint.	Doré à l'huile.	Décoré.	Dimension.	En blanc.	Dorée à l'huile.	Dorée au bruni.	Décorée.	Dimension.	En blanc.	Dorée à l'huile.	Dorée au bruni.	Décorée.
50	4	6	20	28	50	8	22	30	33	50	12	28	36	37
60	6	8	26	36	60	10	29	39	37	60	16	36	46	43
70	8	11	33	44	70	16	37	50	46	70	22	46	57	52
80	11	14	43	52	80	22	40	64	56	80	30	60	75	63
90	15	19	54	65	90	30	63	81	69	90	40	76	94	80
100	20	25	66	80	100	40	78	100	85	100	52	94	115	97
110	26	34	81	96	110	52	96	120	104	110	66	116	140	116
120	33	42	98	114	120	65	118	146	125	120	82	140	169	143
130	42	54	115	135	130	82	139	172	152	130	100	167	200	169
140	52	68	134	158	140	98	163	200	175	140	120	186	234	202
150	64	84	151	180	150	120	185	232	210	150	142	204	270	232
160	78	100	173	212	160	135	213	266	236	160	166	250	310	268
170	94	118	202	245	170	162	245	299	277	170	193	300	355	308
180	108	135	228	276	180	190	282	342	319	180	228	348	408	356
190	123	154	256	300	190	230	317	383	370	190	256	390	455	400
206	139	174	285	340	200	248	354	427	410	200	292	438	510	450
210	156	194	316	380	210	274	394	474	450	210	330	490	570	505
220	174	218	349	420	220	295	436	523	485	220	370	545	632	565
230	193	248	383	460	230	340	479	574	554	230	420	610	705	634
240	213	266	418	500	240	379	524	628	610	240	470	675	780	710
250	234	292	454	545	250	420	571	686	676	250	520	740	855	775
260	256	320	496	590	260	460	624	748	737	260	580	820	942	857
270	279	349	539	640	270	508	678	808	804	270	640	900	1030	940
280	303	379	583	700	280	551	734	873	877	280	700	980	1110	1020
290	328	410	623	750	290	594	792	941	943	290	770	1070	1220	1119
300	344	430	664	800	300	646	836	996	1020	300	850	1170	1330	1220

TERRE CUITE					BOIS SCULPTÉ				
Dimension.	En blanc.	Dorée à l'huile.	Dorée au bruni.	Décorée.	Dimension.	Naturel.	Doré à l'huile.	Doré au bruni.	Décoré.
50	30	46	54	55	50	40	56	65	63
60	38	58	68	65	60	48	68	78	75
70	48	72	85	78	70	58	82	95	88
80	60	90	105	93	80	70	106	115	105
90	74	110	128	115	90	85	120	140	125
100	90	132	154	135	100	105	148	170	150
110	108	158	183	160	110	130	180	205	182
120	129	188	216	196	120	160	220	245	220
130	153	220	253	222	130	195	260	295	264
140	180	256	294	256	140	235	310	350	304
150	210	292	339	300	150	280	360	410	370
160	243	335	388	345	160	330	420	475	432
170	279	387	441	394	170	385	490	545	500
180	318	438	498	446	180	445	565	625	575
190	360	493	559	500	190	510	640	710	655
200	405	551	624	565	200	580	705	800	740
210	453	613	693	630	210	655	815	895	830
220	504	679	766	700	220	735	910	995	920
230	558	748	843	770	230	820	1010	1105	1035
240	615	820	924	850	240	910	1115	1220	1140
250	675	895	1010	930	250	1015	1225	1340	1260
260	738	978	1100	1015	260	1105	1345	1460	1335
270	804	1064	1194	1100	270	1210	1470	1600	1510
280	878	1153	1292	1200	280	1320	1500	1740	1650
290	945	1245	1394	1290	290	1435	1700	1885	1785
300	1010	1330	1490	1385	300	1550	1950	2000	1925

PIERR		MARBRE		EMBALLAGE		PRIX SÉPARÉ DES DORURES, DÉCORS ET FILETS DORÉS POUR STATUES NEUVES OU ANCIENNES.						
Dimension.	En blanc.	Dimension.	En blanc.	Dimension.	0	Dimension.	Décors simples. 1	Décors riches. 2	Filets dorés 3	Dorure au mat. 4	Dorure au bruni. 5	Chairs peintes. 6
50	95	50	300	50	3	50	11	25	4	16	24	3
60	125	60	450	60	3 50	60	12	27	5	20	30	
70	150	70	650		4	70	13	30	6	24	37	5
80	195	80	950	80	4 50	80	16	34	7	30	45	6
90	245	90	1200	90	5	90	19	39	8	36	54	7
100	300	100	2000	100	6	100	23	45	10	42	64	8
110	360	110	2600	110	7	110	27	52	12	50	75	9
120	430	120	3000	120	8	120	31	60	14	59	87	10
130	510	130	3500	130	9	130	36	69	16	6	0	11
140	640	140	4100	140	11	140	41	79	18	76	114	12
150	700	150	4700	150	13	150	48	90	20	82	129	13
160	820	160	5100	160	16	160	55	102	23	92	145	14
170	950	170	6200	170	19	170	63	115	26	108	162	15
180	1120	180	7200	180	23	180	71	129	29	120	180	16
190	1300	190	7800	190	27	190	80	144	32	133	199	17
200	1500	200	8700	200	32	200	90	160	35	146	219	18
210	1720	210	9700	210	37	210	100	177	39	160	240	19
220	1960	230	10700	220	42	220	112	195	43	175	262	20
230	2220	230	11700	230	48	230	125	214	47	190	285	21
240	2500	240	12800	240	54	240	140	234	51	205	309	22
250	2900	250	14000	250	60	250	155	255	55	220	335	32
260	3300	260	15400	260	67	260	170	277	59	240	362	24
270	3700	270	16200	270	74	270	188	300	63	260	390	52
280	4100	280	17000	280	82	280	205	324	67	280	419	26
290	4600	290	17800	290	90	290	225	349	71	300	449	72
300	5000	300	19000	300	100	300	245	375	75	320	480	28

PRIX ET DÉSIGNATION

DES SUJETS COMPOSÉS DE PLUSIEURS FIGURES.

Désignation	Nos des dessins.	Hauteur.	Largeur du socle.	PLATRE.				PATE DE FER.				PATE DE BOIS.				BOIS SCULPTÉ.				TERRE CUITE.						EMBALLAGE.
				Naturel.	Peint.	Doré à l'huile.	Décoré.	Peinte en blanc.	Dorée à l'huile.	Dorée au bruni.	Décorée.	En blanc.	Dorée à l'huile.	Dorée au bruni.	Décorée.	Naturel.	Doré à l'huile.	Doré au bruni.	Décoré	Hauteur.	Largeur.	Peinte en blanc.	Dorée à l'huile.	Dorée au bruni.	Décorée.	0
		m. c.	m c.																	m. c.	m. c.					
Baptême de NOTRE-SEIGNEUR	53	1 70	1 05	150	187	320	300	250	420	600	400	350	500	700	450	660	800	900	750	1 50	» 90	400	570	750	650	40 »
NOTRE-DAME DE LA CHARITÉ	38	1 60	» 75	100	125	242	240	175	300	400	350	250	380	480	400	500	600	750	600	1 40	» 65	300	450	560	560	25 »
NOTRE-DAME DES VICTOIRES	83	1 60	» 65	100	125	242	250	175	300	400	350	250	380	470	400	500	600	750	600	1 45	» 60	300	450	560	560	25 »
Id. Id.	83	1 50	» 65	80	100	200	210	140	260	330	315	220	310	400	330	450	550	680	550	1 36	» 60	280	420	450	450	20 »
Id. Id.	17	1 20	» 45	42	54	115	125	70	125	200	150	120	190	240	180	200	260	340	275	1 08	» 40	130	190	225	225	10 »
Id. Id.	43	» 90	» 30	25	35	70	75	40	85	120	95	60	105	140	115	120	175	280	195	» 80	» 27	100	150	200	150	6 »
SAINTE ANNE présentant la Vierge	96	2 »	» 66	140	180	320	330	230	400	550	450	290	460	600	500	600	760	900	800	1 80	» 60	350	530	650	600	40 »
SAINTE ANNE instruisant la Vierge	94	1 60	» 70	100	125	242	250	175	300	400	350	250	380	470	400	500	650	750	650	1 44	» 63	300	450	560	460	25 »
Id. Id.	94	1 50	» 70	80	100	200	210	140	260	330	315	220	310	400	330	450	550	680	550	1 35	» 63	280	420	450	450	20 »
Id. Id.		1 20	» 45	42	54	115	125	70	125	200	95	120	190	240	180	200	260	340	275	1 08	» 41	130	190	225	225	10 »
L'ANGE GARDIEN	48	1 70	» 60	100	125	242	250	175	300	400	350	250	380	480	400	500	600	750	600	1 50	» 54	300	450	560	560	30 »
Id.	46	» 80	» 22	15	20	50	60	25	70	90	80	40	85	95	100	100	140	160	150	» 72	» 20	70	130	180	180	5 »
LA DIVINE BERGÈRE avec l'enfant Jésus et trois agneaux	85	1 75	1 »	140	155	300	300	200	350	480	375	280	440	550	450	700	850	980	900	1 55	» 90	400	560	650	650	30 »
SAINT MARTIN à cheval donnant la moitié de son manteau	74	1 70	1 20	250	300	550	550	350	650	850	650	450	750	905	750	950	1250	1500	1300	1 50	1 08	600	900	1100	1000	45 »
SAINT GEORGES à cheval avec un dragon		1 70	1 18	200	245	480	480	340	580	790	580	400	680	805	680	920	1150	1500	1200	1 50	1 07	580	830	1000	900	45 »
SAINT MAURICE à cheval		1 70	1 19	200	250	480	480	350	580	780	580	400	675	840	670	920	1150	1450	1200	1 50	1 07	550	800	950	880	45 »
DESCENTE DE CROIX	40	» 70	» 77	50	64	120	122	85	145	180	150	115	170	200	180	200	260	300	280	» 63	» 70	115	170	200	180	12 »
NOTRE-DAME DE LA MERCI	13	» 95	» 60	32	40	80	90	55	105	145	115	75	120	160	130	150	210	250	240	» 86	» 54	75	120	160	130	8 »

ANGES ADORATEURS

PRIX DE LA PAIRE.

NUMÉROS des Dessins.	Hauteur.	PLATRE.				PATE DE FER.				PATE DE BOIS.				BOIS SCULPTÉ.				TERRE CUITE.				EMBALLAGE.
		Naturel.	Peint. en blanc.	Doré à l'huile.	Décoré.	En blanc.	Dorée à l'huile.	Dorée au bruni.	Décorée.	En blanc.	Dorée à l'huile.	Dorée au bruni.	Décorée.	En blanc.	Doré à l'huile.	Doré au bruni.	Décoré.	En blanc.	Dorée à l'huile.	Dorée au bruni.	Décorée.	
37 et 38	» 70	40	50	100	110	80	130	180	150	100	180	230	180	200	280	330	280	180	260	300	260	12
32 et 33	» 70	40	50	110	120	80	130	180	150	100	180	230	180	200	280	310	280	180	260	300	260	12
77 et 82	» 80	60	90	184	180	120	220	250	230	150	260	310	220	300	430	480	430	240	360	400	360	16
32 et 33	» 90	74	100	210	210	150	230	280	230	150	280	320	280	380	500	580	500	300	440	500	440	18
57 et 59	1 »	94	120	230	230	190	300	360	300	200	360	420	360	460	600	680	600	360	500	600	500	22
57 et 59	1 10	110	130	250	260	230	350	400	320	220	400	440	400	560	700	800	710	400	560	700	560	24
	1 20	140	180	350	365	300	430	500	480	320	480	550	480	660	820	950	820	480	660	800	660	32
	1 30	180	200	400	440	350	450	550	450	380	500	600	500	760	950	1080	950	550	760	900	760	38

PRIX DES CHEMINS DE CROIX

AVEC OU SANS CADRE DE DIFFÉRENTS STYLES.

Nos des Dessins.	Désignation	Hauteur.	Largeur.	PLATRE.				PATE DE FER.					PATE DE BOIS.					EMBALLAGE.
				Naturel.	Peint.	Bronzé.	Bronzé fond doré.	En blanc.	Bronzée.	Bronzée fond doré.	Décorée.	Dorée.	En blanc.	Bronzée.	Bronzée fond doré.	Décorée.	Dorée.	
	Les 14 STATIONS sans cadres	66	49	300	350	400	500	450	500	600	800	700	500	550	650	900	800	30
106	— avec cadres simples	80	63	460	500	560	660	610	660	760	960	900	660	710	810	1060	1100	50
103	— avec cadres ornementés	120	63	600	650	700	800	750	800	900	1100	1000	800	850	950	1200	1200	65
102	— avec cadres gothiques simples	118	66	500	580	650	800	650	750	950	1050	1100	800	850	950	1250	1200	70
104	— avec cadres gothiques, XIIIe siècle	150	90	600	700	800	950	800	960	1150	1150	1400	1000	1100	1050	1400	1500	90
105	— avec cadres gothiques riches, XVe siècle	140	80	700	800	900	1050	900	1000	1160	1250	1500	1100	1200	1360	1500	1600	80
	— avec cadres renaissance, XVIe siècle	130	90	600	700	800	950	800	900	1030	1150	1200	1000	1100	1050	1400	1350	90

OBJETS DIVERS

DONT LES PRIX VARIENT SUIVANT LES EMPLACEMENTS.

CHAIRES A PRÊCHER.

Une Chaire simple de 6m de hauteur, mesurée du pavé de l'église jusqu'au-dessus de la croix, exécutée en bois de chêne, terminée en haut par une boule où se place la croix, avec les ornements en carton-pierre, tels que les quatre Évangélistes, à mettre sur les panneaux, feuilles pour culs-de-lampes, et autres pour corniches d'impériale; l'escalier, composé de douze marches, sera droit; toutes les parties apparentes seront passées à l'encaustique; le prix, sans y comprendre l'emballage et la pose, sera de. . . . . 1,000 fr.

La même, avec les sculptures en bois. . . . . 1,500 fr.

La Chaire gothique dessinée sur la première planche de l'Album, ayant 6m de hauteur, bien exécutée en bois de chêne, y compris son escalier de douze marches, le tout passé à l'encaustique. . . . . 1,500 fr.

La Chaire renaissance, de 7m de hauteur à placer entre deux colonnes, est très-riche de sculptures et de moulures (V. la première planche de l'Album), exécutées en bois de chêne poli, avec la main courante et le siége rembourrés en crin et garnis en velours. . . . . 3,500 fr.

Une Chaire gothique du xve siècle, très-riche d'ornementation, exécutée comme la précédente, ayant 7m de hauteur, avec escalier de quinze marches tournant autour d'un pilier. . . . . 4,000 fr.

NOTA. On fait également d'autres Chaires de tous styles et de toutes grandeurs en bois apparent, peint ou doré, depuis 300 fr. jusqu'à 10,000 fr., suivant leur richesse.

CONFESSIONNAUX.

De tous styles et dimensions, depuis 500 fr. jusqu'à 2,000 fr.

AUTELS ET TABERNACLES.

L'Autel porté à l'Album, exécuté en pierre de Tonnerre, de 2m,30 de longueur, composé du tombeau, du gradin, du tabernacle et de l'exposition surmontée de son pinacle, mais sans y comprendre ses marche-pieds, est du prix de 2,800 fr.

Le même, exécuté en marbre blanc. . . . . 5,400 fr.

Le même, sans les statues du tombeau et celles du pinacle, exécuté en pierre dans les dimensions ci-dessus indiquées. . . . . 2,000 fr.

Le même, en marbre blanc, également sans statues. 4,000

Le même, en pierre, sans l'exposition du haut. 2,000

— en marbre blanc. 3,000

Un petit Autel de 1m,60 à 1m,80, avec gradin et tabernacle, forme simple, en marbre blanc. 800

— en pierre. 500

TABERNACLES.

Le Tabernacle seul, exécuté en pierre, avec la porte en cuivre. 500

Le même, en marbre blanc — 900

Le même, en bois sculpté, en chêne, avec ou sans peinture, la porte et tous les ornements dorés. 500

EXPOSITIONS.

Exposition, dessin no 107, exécuté pour un Ostensoir de 0m,50 de hauteur, en bois sculpté et doré 200

La même, pour un Ostensoir de 0m,75 de hauteur. 260

La même, pour un Ostensoir de 1m. 350

Une Exposition comme la précédente, mais avec palmes au lieu de branches de vigne, toujours en bois sculpté et doré, pour un Ostensoir de 0m,50. . . . . 140 fr.

La même, pour un Ostensoir de 0m,75. 200

La même, pour un Ostensoir de 1m. 275

Une Exposition très-riche composée de deux branches de rosiers, ou autres fleurs au choix, avec couronne et gloire à têtes d'Anges dans le fond, le tout en bois sculpté et doré, pour Ostensoir de 0m,50. . . . . 280 fr.

La même, pour un Ostensoir de 0m,75. 354

La même, pour un Ostensoir de 1m. 470

Une Exposition composée de deux Anges debout supportant une couronne riche, le tout en bois sculpté et doré sur toutes faces, y compris les nuages formant sa base, pour un Ostensoir de 0m,50. . . . . 300 fr.

La même, pour un Ostensoir de $0^m,75$. 350

La même, pour un Ostensoir de 1^m. 440

Nota. On fait des Expositions romanes, gothiques ou grecques, en bois sculpté et doré, de diverses richesses, depuis 60 fr. jusqu'à 500 fr. et au-dessus.

BATONS DE CONFRÈRIES.

Ces ornements de procession se composent d'un Bâton peint en bleu ou en rouge, surmonté d'une corniche qui supporte quatre palmes terminées en haut par une couronne avec croix au-dessus; au milieu des palmes, il y a une statue. Tous ces objets sont en bois sculpté et doré en plein. Leur hauteur est de $0^m,65$ mesurés du bas de leur corniche au haut de la boule de la couronne, assortis d'un Bâton de $1^m,70$. . . . . 45 fr.

Les mêmes, de $0^m,75$. 60

— de $0^m,85$. 80

Les mêmes, avec palmes très-riches de feuillage et couronne ornementée de $0^m,65$ de haut, non compris le Bâton de $1^m,70$. . . . . 60 fr.

Les mêmes, de $0^m,75$. 75

— de $0^m,85$. 100

Les mêmes, avec branches de vigne au lieu de palmes, de $0^m,75$ de haut. 100

— — $0^m,85$ 125

— avec quatre branches de roses, lis ou autres fleurs dorées ou émaillées sur or, de $0^m,75$ de haut, mesurés comme ci-dessus. 130

Le même, de $0^m,85$. 160

L'un et l'autre avec émaux sur la couronne.

VASES EN BOIS DORÉ

A placer entre les chandeliers d'Autel, pour recevoir des bouquets de fleurs artificielles, haut. $0^m,15$ la pièce. 3

— — — $0^m,20$ — . 5

— — — $0^m,25$ — . 8

— — — $0^m,30$ — . 12

Les mêmes, très-riches de sculpture. 18

D'autres plus grands, avec ou sans émaux, de 18 à 30 fr. la pièce.

FLEURS ARTIFICIELLES

De tous genres, en papier, en étoffe ou en paillon, de 1 fr. 50 c. à 20 fr. la pièce, suivant leur grandeur, richesse ou matière.

CULS-DE-LAMPES POUR SUPPORTER LES STATUES.

NUMÉROS des DESSINS.	LONGUEUR en HAUTEUR.		PLATRE		PATE DE FER		CARTON-PIERRE	
				Peint.	en blanc	décorée	en blanc	décorée
109	c. »	c. 0,30	fr. 6	r. 8	fr. 9	fr. 15	fr. 14	fr. 25
110	»	0,63	35	42	52	70	70	100
111	»	0,45	10	12	15	24	22	45
112	»	0,50	10	12	15	22	22	45
71	»	0,90	35	42	52	70	70	100
DAIS POUR LES COURONNER.								
108	c. »	c. 40	fr. 12	fr. 15	fr. 20	fr. 30	fr. 33	fr. 50
70	»	62	40	48	60	75	75	100

Grand assortiment de Statuettes en plastique, dont la nomenclature aurait été trop longue.

—

Christs en plastique en toutes grandeurs.

—

Nota. Tous les Tarifs précédents sont annulés par ce dernier.

EXTRAIT DU TARIF GÉNÉRAL

DES

BRONZES QUI SE FONT DANS LES ATELIERS DE LA MAISON BESAND.

PLANCHE I. — N. 1.

CHANDELIERS D'ACOLYTES
Modèle ordinaire (balustre).

HAUTEUR.	PRIX DE LA PAIRE :		
	Vernis.	Argentés.	Dorés.
0,33	16	24	56
0,40	19	26	63
0,45	22	30	75
0,50	27	36	90
0,55	32	43	107
0,60	39	50	125
0,65	46	58	145
0,75	56	75	175

N. 3.

CHANDELIERS D'ACOLYTES

0,50	50	62	120
0,55	58	75	145

N. 4.

CHANDELIERS D'ACOLYTES
Modèle riche (style grec).

0,63	94	148	187
0,81	187	262	358

PLANCHE III. — N. 9.

CHANDELIERS
Modèle Sainte-Trinité.

0,38	17	25	63
0,45	21	29	70
0,50	25	35	88
0,55	31	41	106
0,60	38	50	125
0,65	44	57	145
0,75	54	69	170
0,82	62	90	215
0,90	75	112	265
1,00	95	138	300

PLANCHE V. — N. 15.

CHANDELIERS D'AUTEL
Modèle Saint-Denis.

HAUTEUR.	PRIX DE LA PAIRE :		
	Vernis.	Argentés.	Dorés.
0,45	50	62	112
0,50	56	72	131
0,55	62	85	150
0,60	72	100	168
0,65	87	118	187
0,75	106	136	218

N. 17.

CHANDELIERS
Modèle Sainte-Adélaïde.

0,75	126	168	275
0,83	175	218	325
0,90	225	275	387
1,00	288	362	485
1,15	362	443	575
1,35	475	612	812
1,60	750	950	1187

N. 18.

CHANDELIERS
Triangulaires (mi-riches).

0,50	58	77	137
0,55	72	93	156
0,61	95	122	187
0,68	118	162	225

PLANCHE VII. — N. 25.

CHANDELIERS
STYLE DU XIVe SIÈCLE
Modèle Saint-Louis.

0,65	175	237	337
9,73	212	275	400
0,81	262	350	475
0,90	308	431	568
0,98	375	500	710
1,12	450	600	825
1,45	900	1125	1408

PLANCHE X. — N. 33.

CHANDELIERS GOTHIQUES
STYLE DU XVe SIÈCLE
9 clochetons.

HAUTEUR.	PRIX DE LA PAIRE :		
	Vernis.	Argentés.	Dorés.
0,55	107	162	212
0,65	126	195	256
0,75	150	218	287
0,85	200	280	362
0,92	250	343	437
1,00	312	412	512
1,15	400	550	700
1,25	500	643	787
1,45	625	800	975

N. 34.

CHANDELIERS
MÊME STYLE
6 clochetons, 6 niches,
6 statuettes.

1,30	750	906	1088

N. 35.

CHANDELIERS
STYLE ROMAN
A colonnes ciselées.

0,50	56	72	118
0,60	68	90	156
0,70	85	112	200

N. 36.

CHANDELIERS
STYLE ROMAN
3 statuettes, 6 monstres.

0,72	162	218	300

PLANCHE XI. — N. 41.

CHANDELIERS
STYLE DU XIIIe SIÈCLE
Riches.

0,35	32	40	65
0,45	45	56	95
0,55	62	72	125
0,65	80	96	174
0,80	120	150	262

PLANCHE XI. — N. 42.

CHANDELIERS GOTHIQUES
STYLE DU XIVe SIÈCLE
Riches.

HAUTEUR.	PRIX DE LA PAIRE :		
	Vernis.	Argentés.	Dorés.
0,45	46	56	93
0,50	62	75	120
0,55	75	87	140
0,62	88	105	172
0,70	112	137	225

N. 44.

CHANDELIERS
STYLE DU XIIIe SIÈCLE.

0,50	83	98	162
0,60	106	125	188
0,70	130	162	233

PLANCHE XVII. — N. 75.

CROIX DE CÉLÉBRANT
Pied ovale.
Prix de la pièce.

0,35	10	14	24
0,40	12	18	30
0,45	14	20	35
0,50	18	23	42

N. 76.

CROIX DE CÉLÉBRANT
Pied en tombeau.

0,40	13	19	28
0,45	14	22	32
0,50	16	25	38
0,55	20	28	45

N. 78.

CROIX D'EXPOSITION

0,55	38	50	88
0,62	40	54	93
0,70	52	68	118
0,80	66	90	138

PLANCHE XIX. — N. 84.

—

CANDÉLABRES D'AUTEL

Mi-riches.

HAUTEUR.	PRIX DE LA PAIRE : Vernis.	Argentés.	Dorés.	NOMBRE de lumières.
0,58	100	131	218	7
0,63	122	160	236	11
0,63	131	175	287	13
0,65	120	156	244	7
0,70	138	188	287	11
0,70	150	202	312	13
0,72	166	225	344	7
0,78	188	262	406	11
0,78	206	287	450	13
0,76	212	300	450	7
0,83	250	338	512	11
0,83	268	368	556	13

N. 97.

—

CANDÉLABRES D'AUTEL

Riches.

XIVe SIÈCLE.

HAUTEUR.	Vernis.	Argentés.	Dorés.	NOMBRE de lumières.
0,60	125	162	218	7
0,65	143	187	250	7
0,72	175	218	293	7
0,80	238	287	388	13
0,80	218	281	375	7
0,92	293	375	500	13

N. 98.

—

GRANDS CANDÉLABRES

Très-riches.

STYLE DU XVe SIÈCLE

HAUTEUR.	Vernis.	Argentés.	Dorés.	NOMBRE de lumières.
2,00	1622	2062	3000	25
2,30	2062	2875	3562	31
2,90	2500	3562	4187	31

SOUCHES A RESSORTS pour Chandeliers et Candélabres, le mètre . . . . 3 fr.

PLANCHE XXV. — N. 100.

—

CROIX DE PROCESSION

Prix de la pièce.

HAUTEUR.	Vernies.	Vernies à rayons.	ARGENTÉES Ra et Chr vernis.	Rayons dorés.	S ns rayons.
0,67	21	25	28	31	25
0,72	24	28	32	35	28
0,79	28	32	40	44	32
0,85	32	40	45	46	40
0,92	38	45	55	56	48
0,98	42	51	58	62	50
1,05	49	58	65	68	58

N. 101.

—

BATON DE CROIX

Sans la monture, 1 franc de moins.

DIMENSIONS.	Vernis.	Argentés.
Petit pour croix de 67 à 85.. .	18	21
Moyen pour croix de 92 à 98.	20	23
Gros pour croix de 1,05. . . .	22	25

N. 109.

—

CROIX DE PROCESSION

Très-riches.

VASE A CHÉRUBINS

HAUTEUR.	Vernies à rayons.	ARGENTÉES : Rayons dorés.	Rayons et Christ dorés.	Rayons Christ et ornements du vase dorés.	Rayons et tous les ornements dorés.
0,95	75	94	110	140	165
1,05	87	112	137	188	200

N. 110.

—

BATONS DE CROIX

Riches.

DIMENSIONS.	Vernis.	Argentés	Argentés, nœuds dorés.	Doré, or moulu.
Petit.	34	37	53	57
Moyen.	38	43	62	67
Gros.	47	53	75	77

PLANCHE XXIX. — N. 113.

—

CROIX DE PROCESSION

STYLE DU XIIIe SIÈCLE

Très-Riches.

Prix de la pièce

HAUTEUR.	Vernies.	Argentées	Argentées Christ doré.	Dorées.
0,78	90	112	127	168

N. 115.

—

CROIX DE PROCESSION

STYLE DU XIVe SIÈCLE

Riches.

HAUTEUR.	Vernies.	Argentées	Argentées Christ doré.	Dorées.
0,70	62	75	86	125
0,85	82	100	112	156

N. 116.

—

CROIX DE PROCESSION

STYLE DU XVe SIÈCLE

Riches.

HAUTEUR.	Vernies.	Argentées	Argentées Christ doré.	Dorées.
0,85	85	94	118	162

N. 114.

—

BATON DE CROIX CISELÉ

Modèle très-riche.

	Vernies.	Argentées	Argentées Christ doré.	Dorées.
Gros. .	45	52	60	72

N. 117.

—

BATONS RICHES

Nœuds à perles.

	Vernies.	Argentées	Argentées Christ doré.	Dorées.
Moyen.	28	32	43	57
Gros. .	32	37	50	66

PLANCHE XXXIII. — N. 132.

—

BÉNITIERS PORTATIFS COMPLETS

Modèle ordinaire, forme moderne.

DIAMÈTRE d'ouverture.	Vernis.	Argentés.	Dorés.
0,10	21	25	43
0,12	25	30	55
0,15	31	35	72
0,17	36	41	93
0,21	45	52	125

PLANCHE XXXI. — N. 121.

—

ENCENSOIRS ET NAVETTES COMPLETS

c'est-à-dire

avec la Navette à consoles.

Prix de l'un.

HAUTEUR.	LONGUEUR des chaînes.	Vernis.	Argentés.	Dorés.
0,24	1,00	22 50	25	50
0,26	1,05	26 00	28	55
0,28	1,12	30 00	32	61

N. 122.

—

ENCENSOIRS

A Tuyaux et sa navette.

0,27	1,05	27 00	30	60
0,29	1,12	31 00	35	67

N. 124.

—

ENCENSOI

Riches à Têtes d'Anges.

0,31	1,30	120 00	125	143

N. 126.

—

ENCENSO

Unis.

XIVe SIÈCLE

0,23	1,00	44 00	52	81

N. 152.

—

BAISERS DE PAIX

Modèle ordinaire.

HAUTEUR.	Vernis.	Argentés.	Dorés.
0,20	8	10 00	20

N. 155.

—

BAISERS DE PAI

STYLE DU XVe SIÈCLE

0,22		12 50	

N. 159.

—

LAMPES A LA ROMAINE

Prix de la pièce.

DIAMÈTRE à l'ouverture.	Vernies.	ARGENTÉES. Garnitures vernies.	Argentées.	Garnitures dorés.
0,23	45	50	55	73
0,25	50	56	61	81
0,28	57	64	72	95
0,30	72	81	88	115
0,33	87	93	105	132
0,36	96	103	115	145
0,38	111	120	133	168
0,41	122	133	147	185
0,44	137	153	168	212
0,46	156	178	193	243
0,49	172	193	216	272

N. 175.

—

LAMPES RICHES

STYLE DU XIVe SIÈCLE

DIAMÈTRE d'angle en angle.	Vernies.	Argentées.	Dorées.
0,35 à 6 pans. .	193	237	312
0,41 à 6 pans. .	225	281	350
0,60 à 9 pans. .	393	500	625

N. 177.

—

LAMPIER D'AUTEL

STYLE DU XIVe SIÈCLE

DIAMÈTRE.	Verni.	Argenté.	Doré.
0,1	24	27	37

N. 199.

—

BRAS D'AUTEL

ou

DE TABERNACLE

Bras unis.

DIAMÈTRE.	NOMBRE de branches.	LA PAIRE : Vernis.	Argentés.	Dorés.
	1	11	15	26
0,17	2	20	28	47
	3	30	43	68

N. 199.

—

BRAS D'AUTEL

ou

DE TABERNACLE

Bras unis.

(Suite.)

DIAMÈTRE.	NOMBRE de branches.	LA PAIRE : Vernis.	Argentés.	Dorés.
	1	15	20	35
0,21	2	27	35	66
	3	41	53	100

N. 200.

—

BRAS A VIGNE

	1	10	13	25
0,15	2	18	26	45
	3	28	42	68
	1	12	17	32
0,19	2	23	32	62
	3	36	50	93
	1	16	22	43
0,23	2	28	37	81
	3	43	57	125
	1	20	27	56
0,27	2,	35	50	102
	3	52	75	150

N. 205.

—

BRAS RICHES

Gothiques.

SAILLIE.	NOMBRE de branches.	Vernis.	Argentés.	Dorés.
	1	32	47	70
0,22	2	60	85	112
	3	90	125	162

N. 225.

—

CHASSES GOTHIQUES

vitrées sur les quatre faces, garnies à l'intérieur d'un coussin de velours.

Modèle ordinaire (petite).

HAUTEUR sans la croix.	Corps de la Châsse.	Socle.	Vernies.	Dorées.
0,25	19 sur 12	24 sur 17	75	125

N. 226.

—

CHASSE

Modèle ordinaire (moyenne).

HAUTEUR sans la croix.	Corps de la Châsse.	Socle.	Vernies.	Dorées.
0,25	27 sur 12	31 sur 17	93	150

EXPOSITION EN BRONZE

composés de deux branches de lis avec une couronne.

HAUTEUR. sans la couronne.	NOMBRE de lumières.	Vernies.	Dorées.	OBSERVATIONS.
0,60	4	281	362	La planche est recouverte d'une garniture de velours cramoisi ou en blanc, au choix.
0,60	8	312	412	La couronne est en bijouterie, garnie de pierres couleurs variées.
0,70	4	318	425	
0,70	8	350	475	
0,80	6	368	493	
0,80	12	406	556	
0,90	6	406	562	
0,90	12	456	637	
1,00	6	443	637	
1,00	12	488	725	

ACCESSOIRES POUR SUISSES ET BEDEAUX.

DÉSIGNATIONS.	Vernis.	Argentés.	Dorés.
N. 233.			
Hallebarde, modèle uni, en cuivre	30	43	56
N. 234.			
Hallebarde, mi-riche. *Id.*	41	56	72
N. 235.			
Hallebarde riche. *Id.*	62	81	93
N. 236.			
Cannes en jonc, pomme moyenne unie. . .	18	20	31
Cannes en jonc, pomme grosse unie.. . . .	21	22	35
N. 237.			
Cannes en jonc, pomme moyenne ciselée. .	23	25	37
Cannes en jonc, pomme grosse ciselée. . .	27	30	42
N. 238.			
Verge de Bedeau, ronde, en jonc noir et cuivre	11	12	16
N. 239.			
Verge de Bedeau, plate, en baleine et cuivre.	25	27	42
N. 240.			
Chaîne et Médaille de Bedeau.	12	13	31

OBSERVATIONS.

Les manches des hallebardes sont en acajou ; les glands en laine rouge.

Un gland or faux augmente le prix de 5 francs ; celui en or mi-fin, de 30 francs ; celui en or fin, de 75 francs, celui en soie, de 24 francs.

Les cannes de Suisse peuvent être en faux jonc, pour 1 franc de moins que les prix indiqués.

Les verges rondes en baleine valent 8 francs de plus que celles en jonc noir.

Le chiffre du Saint, patron de la paroisse, est gravé sur la médaille du Bedeau.

NOTA. **Les dessins d'objets en bronze ne seront adressés que sur demande désignant l'objet dont on veut faire l'acquisition.**

CATALOGUE

PAR LETTRE ALPHABÉTIQUE

DES SAINTS ET SAINTES

DONT LES MOULES EXISTENT DANS LES ATELIERS

DE LA MAISON BESAND,

RUE BONAPARTE, 38, A PARIS.

NOTA. — Les colonnes de chiffres indiquent les différentes hauteurs de chaque statue qu'on peut reproduire en plâtre, pâte de fer, pâte de bois et carton-pierre. Toutes les autres matières portées au tarif général ne pouvant se mouler, s'exécutent dans toutes les formes et dimensions qu'on peut demander. En conséquence, on peut exécuter en Terre cuite, Bois, Pierre et Marbre toutes les Statues qu'on peut demander.

NOMS DES SAINTS.	HAUTEUR.
ABERCE, évêque.	0,60
—	0,80
—	1,00
—	1,10
—	1,25
—	1,40
—	1,50
—	1,70
ABIBE, diacre.	1,00
—	1,20
—	1,40
—	1,70
ABRAHAM.	0,70
—	0,80
—	1,00
—	1,20
—	1,30
—	1,40
—	1,60
—	1,70
ACACE.	0,60
—	0,80
—	1,00
—	1,10
—	1,25
—	1,40
—	1,50
—	1,70
ACEPSIME, solitaire.	0,80
—	1,20
—	1,40
ACHAIRE, évêque.	0,60
—	0,80
—	1,00
—	1,10
—	1,25
—	1,40
—	1,50
—	1,70
ADALARD, abbé.	0,80
—	1,20
—	1,40
ADALBERT.	0,60
—	0,80
—	1,00
—	1,10
—	1,25
—	1,50
—	1,70

NOMS DES SAINTS.	HAUTEUR.
ADÉLAIDE (Sainte), reine d'Italie.	0,50
—	1,00
—	1,25
—	1,30
—	1,40
—	1,70
ADON, archevêque.	0,60
—	0,80
—	1,00
—	1,10
—	1,25
—	1,40
—	1,50
—	1,70
ADRIEN, guerrier.	1,00
—	1,40
AFRE (Sainte), vierge et martyre.	0,50
—	1,00
—	1,25
—	1,30
—	1,40
—	1,70
AGAPET, pape.	0,60
—	0,80
—	1,00
—	1,10
—	1,25
—	1,40
—	1,50
—	1,70
AGATHE (Sainte), vierge et martyre.	0,50
—	1,00
—	1,25
—	1,30
—	1,40
—	1,70
—	1,80
AGATHON.	0,60
—	0,80
—	1,00
—	1,10
—	1,25
—	1,40
—	1,50
—	1,70
AGÉRICUS, évêque.	0,60

NOMS DES SAINTS.	HAUTEUR.
AGÉRICUS, évêque.	0,80
—	1,00
—	1,10
—	1,25
—	1,40
—	1,30
—	1,70
AGILBERT, archevêque.	0,60
—	0,80
—	1,00
—	1,10
—	1,25
—	1,40
—	1,50
—	1,70
AGNAN, évêque d'Orléans.	0,60
—	0,80
—	1,00
—	1,10
—	1,25
—	1,40
—	1,50
—	1,70
AGNÈS (Sainte).	0,50
—	1,00
—	1,25
—	1,30
—	1,40
—	1,70
AGRICOLE, évêque.	0,60
—	0,80
—	1,00
—	1,10
—	1,25
—	1,40
—	1,50
—	1,70
AGRIPPINE (Sainte), vierge et martyre.	0,50
—	1,00
—	1,25
—	1,30
—	1,40
—	1,70
—	1,80
AIRI ou AIGRY, évêque.	0,60
—	0,80
—	1,00

NOMS DES SAINTS.	HAUTEUR.
AIRI ou AIGRY, évêque.	1,10
—	1,25
—	1,40
—	1,50
—	1,70
ALBAN, martyr.	0,70
—	1,00
—	1,30
—	1,40
—	1,60
—	1,70
—	1,80
ALBERT.	0,60
—	0,80
—	1,00
—	1,10
—	1,25
—	1,40
—	1,50
—	1,70
—	1,80
ALEXANDRE.	0,60
—	0,80
—	1,00
—	1,10
—	1,25
—	1,40
—	1,50
—	1,70
ALEXIS.	0,60
—	0,80
—	1,00
—	1,10
—	1,25
—	1,40
—	1,50
—	1,70
ALPHONSE, archevêque.	0,60
—	0,80
—	1,00
—	1,10
—	1,25
—	1,40
—	1,50
—	1,70
AMABLE, curé de Riom.	1,00
—	1,10
—	1,40
—	1,70

NOMS DES SAINTS.	HAUTEUR.
AMAND.	0,60
—	0,80
—	1,00
—	1,10
—	1,25
—	1,40
—	1,50
—	1,70
AMBROISE.	0,60
—	0,80
—	1,00
—	1,10
—	1,25
—	1,40
—	1,50
—	1,70
AMÉDÉE.	0,80
—	1,20
—	1,40
AMET.	0,80
—	1,20
—	1,40
AMMON.	1,00
—	1,40
—	1,70
AMMONE.	0,80
—	1,20
—	1,40
ANASTASE.	0,60
—	0,80
—	1,00
—	1,10
—	1,25
—	1,40
—	1,50
—	1,70
ANASTASIE (Sainte), martyre.	0,50
—	1,00
—	1,25
—	1,30
—	1,40
—	1,70
ANATOLE, évêque.	0,60
—	0,80
—	1,00
—	1,10
—	1,25
—	1,40
—	1,50
—	1,70
ANATOLIE (Sainte), vierge et martyre.	0,50
—	1,00
—	1,25
—	1,30
—	1,40
—	1,70
—	1,80
ANDRÉ.	0,70
—	1,00
—	1,30
—	1,40
—	1,65
—	1,70
—	1,80
ANGE GARDIEN.	0,75
—	1,70
ANGES ADORATEURS.	0,45
—	0,60
—	0,70
—	0,90
—	1,00
—	1,20

NOMS DES SAINTS.	HAUTEUR.
ANNE (Sainte).	1,20
—	1,40
—	1,60
—	1,80
ANSELME, évêque.	0,60
—	0,80
—	1,00
—	1,10
—	1,25
—	1,40
—	1,50
—	1,70
ANTOINE.	0,80
—	1,20
—	1,40
ANTONIN.	0,60
—	0,80
—	1,00
—	1,10
—	1,25
—	1,40
—	1,50
—	1,70
APELLE.	0,80
—	1,20
—	1,40
APHRAT, solitaire.	0,80
—	1,20
—	1,40
APOLLINAIRE, évêque.	0,60
—	0,80
—	1,00
—	1,10
—	1,25
—	1,40
—	1,50
—	1,70
APOLLON.	0,60
—	0,80
—	1,00
—	1,25
—	1,40
—	1,50
—	1,70
AQUILIN, guerrier.	1,00
—	1,40
ARNOLD, évêque.	0,60
—	0,80
—	1,00
—	1,10
—	1,25
—	1,40
—	1,50
—	1,70
—	1,80
ARNOULD.	0,60
—	0,80
—	1,00
—	1,10
—	1,25
—	1,40
—	1,50
—	1,70
ARSÈNE, solitaire.	0,80
—	1,20
—	1,40
ARSÈNE (Sainte), vierge et martyre.	0,50
—	1,00
—	1,25
—	1,30
—	1,40
—	1,70
ATHANASE.	0,60

NOMS DES SAINTS.	HAUTEUR.
ATHANASE.	0,80
—	1,00
—	1,10
—	1,25
—	1,50
—	1,70
AUBERT, évêque.	0,60
—	0,80
—	1,00
—	1,10
—	1,25
—	1,40
—	1,50
—	1,70
AUBIN, évêque.	0,60
—	0,80
—	1,00
—	1,10
—	1,25
—	1,40
—	1,50
—	1,70
AUGUSTIN.	0,60
—	0,80
—	1,00
—	1,10
—	1,25
—	1,40
—	1,50
—	1,70
AUSTROMOIN, évêque.	0,60
—	0,80
—	1,00
—	1,10
—	1,25
—	1,40
—	1,50
—	1,70
AVENTIN, solitaire.	0,80
—	1,20
—	1,40
AVIT.	0,80
—	1,00
—	1,10
—	1,25
—	1,40
—	1,50
—	1,70
BALBINE (Sainte), vierge et martyre.	0,50
—	1,00
—	1,25
—	1,30
—	1 40
—	1,70
BAPTÊME DU CHRIST.	1,80
BARBE (Sainte).	0,50
—	1,00
—	1,25
—	1,30
—	1,40
—	1,70
—	1,80
BARTHÉLEMY.	0,70
—	1,00
—	1,30
—	1,40
—	1,65
BASILE.	0,60
—	0,80
—	1,00
—	1,10
—	1,25

NOMS DES SAINTS.	HAUTEUR.
BASILE.	1,40
—	1,50
—	1,70
BAUDEMOND, diacre.	1,00
—	1,20
—	1,40
—	1,70
BAUDILLE, évêque.	0,60
—	0,80
—	1,00
—	1,10
—	1,25
—	1,40
—	1,50
—	1,70
BAVON, solitaire.	0,80
—	1,20
—	1,40
BÉATRICE (Sainte).	0,50
—	1,00
—	1,25
—	1,30
—	1,40
—	1,70
BÉNEZET.	1,00
—	1'40
BÉNIGNE, apôtre.	0,70
—	1,00
—	1,30
—	1,40
—	1,65
—	1,80
BENJAMIN, diacre.	1,00
—	1,20
—	1,40
—	1,70
BENOIT.	0,80
—	1,20
—	1,40
BÉRARD.	0,80
—	1,20
—	1,40
BERNARD.	0,60
—	0,80
—	1,00
—	1,10
—	1,25
—	1,40
—	1,50
—	1,70
BERTRAND, évêque.	0,60
—	0,80
—	1,00
—	1,10
—	1,25
—	1,40
—	1,50
—	1,70
BIBIENNE (Sainte).	0,50
—	1,00
—	1,25
—	1,30
—	1,40
—	1,70
BLÈZE, évêque.	0,60
—	0,80
—	1,00
—	1,10
—	1,25
—	1,40
—	1,50
—	1,70
BLANDINE (Sainte), vierge et martyre.	0,50

NOMS DES SAINTS.	HAUTEUR.
BLANDINE (Sainte), vierge et martyre.	1,00
—	1,25
—	1,30
—	1,40
—	1,70
BOILE.	0,70
—	1,00
—	1,30
—	1,40
—	1,65
BON, évêque.	0,60
—	0,80
—	1,00
—	1,10
—	1,25
—	1,40
—	1,50
—	1,70
BONAVENTURE, cardinal.	0,60
—	0,80
—	1,00
—	1,10
—	1,25
—	1,40
—	1,50
—	1,70
BONET, évêque.	0,60
—	0,80
—	1,00
—	1,10
—	1,25
—	1,40
—	1,50
—	1,70
BONIFACE.	0,60
—	0,80
—	1,00
—	1,10
—	1,25
—	1,40
—	1,50
—	1,70
BRICE, évêque.	0,60
—	0,80
—	1,00
—	1,10
—	1,25
—	1,40
—	1,50
—	1,70
CALISTRATUS, soldat.	1,00
—	1,40
CALISTE, pape.	0,60
—	0,80
—	1,00
—	1,10
—	1,25
—	1,40
—	1,50
—	1,07
CANDIDE (Sainte), vierge et martyre.	0,50
—	1,00
—	1,25
—	1,30
—	1,40
—	1,70
CASSIEN, évêque.	0,60
—	0,80
—	1,00

NOMS DES SAINTS.	HAUTEUR.
CASSIEN, évêque.	1,10
—	1,25
—	1,40
—	1,50
—	1,70
CASTOR.	0,80
—	1,20
—	1,40
CATHERINE (Sainte).	0,50
—	1,00
—	1,25
—	1,30
—	1,40
—	1,70
CÉCILE (Sainte), martyre.	0,50
—	1,00
—	1,25
—	1,30
—	1,40
—	1,70
CÉLESTIN, pape.	0,60
—	0,80
—	1,00
—	1,10
—	1,25
—	1,40
—	1,50
—	1,70
CÉSAIRE.	0,60
—	0,80
—	1,00
—	1,10
—	1,25
—	1,40
—	1,50
—	1,70
CHAUMOND.	0,60
—	0,80
—	1,00
—	1,10
—	1,25
—	1,40
—	1,50
—	1,70
CHÉRON.	0,70
—	1,00
—	1,30
—	1,40
—	1,65
CHRISTINE (Sainte).	0,50
—	1,00
—	1,25
—	1,30
—	1,40
—	1,70
CIRIAQUE, évêque.	0,60
—	0,80
—	1,00
—	1,10
—	1,25
—	1,40
—	1,50
—	1,70
CLAIR.	0,60
—	0,80
—	1,00
—	1,10
—	1,25
—	1,40
—	1,50
—	1,70
CLAUDE, évêque.	0,60
—	0,80

NOMS DES SAINTS.	HAUTEUR.
CLAUDE, évêque.	1,00
—	1,10
—	1,25
—	1,40
—	1,50
—	1,70
CLAUDIEN.	1,00
—	1,40
CLÉMENT.	0,60
—	0,80
—	1,00
—	1,10
—	1,25
—	1,40
—	1,50
—	1,70
CLOUD.	1,00
—	1,40
—	1,70
COLMAN.	0,80
—	1,20
—	1,40
COLOMBE (Sainte).	0,50
—	1,00
—	1,25
—	1,30
—	1,40
—	1,70
COLOMBIE (Sainte).	0,50
—	1,00
—	1,25
—	1,30
—	1,40
—	1,07
CONCEPTION IMMACULÉE.	0,70
—	1,00
—	1,15
—	1,30
—	1,40
—	1,50
—	1,80
—	2,20
—	2,50
CONSTANCE (Sainte).	0,50
—	1,00
—	1,25
—	1,30
—	1,40
—	1,70
CORENTIN, évêque.	0,60
—	0,80
—	1,00
—	1,10
—	1,25
—	1,40
—	1,50
—	1,70
CORNEILLE, pape.	0,60
—	0,80
—	1,00
—	1,10
—	1,25
—	1,40
—	1,50
—	1,70
CORONA (Sainte).	0,50
—	1,00
—	1,25
—	1,30
—	1,40
—	1,70
COSME et DAMIEN.	0,70
—	1,00

NOMS DES SAINTS.	HAUTEUR.
COSME et DAMIEN.	1,30
—	1,40
—	1,65
CUNÉGONDE (Sainte).	0,50
—	1,00
—	1,25
—	1,30
—	1,40
—	1,70
CUNÈRE (Sainte).	0,50
—	1,00
—	1,25
—	1,30
—	1,40
—	1,70
CUNIBERT.	0.60
—	0,80
—	1,00
—	1,10
—	1,25
—	1,40
—	1,50
—	1,70
CYPRIEN.	0,60
—	0,80
—	1,00
—	1,10
—	1,25
—	1,40
—	1,50
—	1,70
CYR.	0,70
—	1,30
—	1,40
—	1,65
CYRIAQUE.	0,60
—	0,80
—	1,00
—	1,10
—	1,25
—	1,40
—	1,50
—	1,70
CYRILLE.	0,60
—	0,80
—	1,00
—	1,10
—	1,25
—	1,40
—	1,50
—	1,70
DARIA (Sainte).	0,50
—	1,00
—	1,25
—	1,30
—	1,40
—	1,70
DENIS.	0,60
—	0,80
—	1,00
—	1,10
—	1,25
—	1,40
—	1,50
—	1,70
DIDIER, moine.	0,80
—	1,20
—	1,40
DIDIER, évêque.	0,60
—	0,80
—	1,00
—	1,10

NOMS DES SAINTS.	HAUTEUR.
DIDIER, évêque.	1,25
—	1,40
—	1,50
—	1,70
DIÉ de Voge.	0,60
—	0,80
—	1,00
—	1,10
—	1,25
—	1,40
—	1,50
—	1,70
DOMITIEN.	0,60
—	0,80
—	1,00
—	1,10
—	1,25
—	1,40
—	1,50
—	1,70
DOMINIQUE.	0,70
—	0,80
—	1,00
—	1,20
—	1,30
—	1,40
—	1,50
—	1,65
—	1,75
DONAT.	0,60
—	0,80
—	1,00
—	1,10
—	1,25
—	1,40
—	1,50
—	1,70
DOROTHÉ.	0,80
—	1,00
—	1,10
—	1,25
—	1,40
—	1,50
—	1,70
DOROTHÉE (Sainte).	0,50
—	1,00
—	1,25
—	1,30
—	1,40
—	1,75
ECCLÉSIUS.	0,60
—	0,80
—	1,00
—	1,10
—	1,25
—	1,40
—	1,50
—	1,70
EDME.	0,60
—	0,80
—	1,00
—	1,10
—	1,25
—	1,40
—	1,50
—	1,70
ELEUTHÈRE.	0,60
—	0,80
—	1,00
—	1,10
—	1,25
—	1,40

NOMS DES SAINTS.	HAUTEUR.
ELEUTHÈRE.	1,50
—	1,70
ÉLISABETH (Sainte).	0,50
—	1,00
—	1,25
—	1,30
—	1,40
—	1,70
ÉLOY.	0,60
—	0,80
—	1,00
—	1,10
—	1,25
—	1,40
—	1,50
—	1,70
EMÉRENTIENNE (Sainte)	0,50
—	1,00
—	1,25
—	1,30
—	1,40
—	1,70
EPHREM.	0,80
—	1,20
—	1,40
ÉPIPHANE.	0,60
—	0.80
—	1,00
—	1,10
—	1,25
—	1,40
—	1,50
—	1,70
ERASME.	0,60
—	0,80
—	1,00
—	1,10
—	1,25
—	1,40
—	1,50
—	1,70
ÉTIENNE.	0,60
—	0,80
—	1,00
—	1,10
—	1,25
—	1,40
—	1,50
—	1,70
EUCHÈRE, évêque.	0,60
—	0,80
—	1,00
—	1,10
—	1,25
—	1,40
—	1,50
—	1,70
EUDOXE, soldat.	1,00
—	1,40
EUGÈNE.	0,60
—	0,80
—	1,00
—	1,10
—	1,25
—	1,40
—	1,50
—	1,70
EUGÉNIE (Sainte).	0,50
—	1,00
—	1,25
—	1,30
—	1,40
—	1,70
EULALIE (Sainte).	0,50

NOMS DES SAINTS.	HAUTEUR.
EULALIE (Sainte).	1,00
—	1,25
—	1,30
—	1,40
—	1,70
EULOGE.	0,60
—	0,80
—	1,00
—	1,10
—	1,25
—	1,40
—	1,50
—	1,70
EUPHÉMIE (Sainte).	0.50
—	1,00
—	1,25
—	1,30
—	1,40
—	1,70
EUPHRASIE (Sainte).	0,50
—	1,00
—	1,10
—	1,25
—	1,30
—	1,40
—	1,70
EUSÈBE.	0,60
—	0,80
—	1,00
—	1,10
—	1,25
—	1,40
—	1,50
—	1,70
EUSTACHE.	1,00
—	1,40
EUTROPE.	0,60
—	0,80
—	1,00
—	1,10
—	1,25
—	1,40
—	1,50
—	1,70
ÉVARISTE.	0,60
—	0,80
—	1,00
—	1,10
—	1,25
—	1,40
—	1,50
—	1,70
EXUPÈRE.	0,60
—	0,80
—	1,00
—	1,10
—	1,25
—	1,40
—	1,50
—	1,70
FABIEN.	0,60
—	0,80
—	1,00
—	1,10
—	1,25
—	1,40
—	1,50
—	1,70
FARON.	0,60
—	0,80
—	1,00
—	1,10

NOMS DES SAINTS.	HAUTEUR.
FABON.	1,25
—	1,40
—	1,50
—	1,70
FAUSTE.	0,70
—	1,00
—	1,30
—	1,40
—	1,65
FAUSTINE (Sainte).	0,50
—	1,00
—	1,25
—	1,30
—	1,40
—	1,70
FÉLICITÉ (Sainte).	0,50
—	1,00
—	1,25
—	1,30
—	1,40
—	1,70
FÉLIX.	0,60
—	0,80
—	1,00
—	1,10
—	1,25
—	1,40
—	1,50
—	1,70
FÉRÉOLE.	0,60
—	0,80
—	1,00
—	1,10
—	1,25
—	1,40
—	1,50
—	1,70
FIACRE.	0,80
—	1,20
—	1,40
FIRMIN.	0,60
—	0,80
—	1,10
—	1,25
—	1,40
—	1,50
—	1,70
FLAVIE (Sainte).	0,50
—	1,00
—	1,25
—	1,30
—	1,40
—	1,70
FLAVIEN.	0,70
—	1,30
—	1,40
—	1,65
—	1,70
FLORENT.	0,60
—	0,80
—	1,00
—	1,10
—	1,25
—	1,40
—	1,50
—	1,70
FLORENTIN.	0,60
—	0,80
—	1,00
—	1,10
—	1,25
—	1,40
—	1,50
—	1,70

NOMS DES SAINTS.	HAUTEUR.
FOI (Sainte).	0,50
—	1,00
—	1,25
—	1,30
—	1,40
—	1,70
FORTUNA.	0,60
—	0,80
—	1,00
—	1,10
—	1,25
—	1,40
—	1,50
—	1,70
FORTUNÉE (Sainte).	0,50
—	1,00
—	1,25
—	1,30
—	1,40
—	1,70
FRANÇOIS DE SALES.	0,60
—	0,80
—	1,00
—	1,10
—	1,25
—	1,40
—	1,50
—	1,70
FRANÇOIS XAVIER.	1,00
—	1,40
—	1,70
FUCIEN.	0,70
—	1,00
—	1,30
—	1,40
—	1,65
GAL.	0,60
—	0,80
—	1,00
—	1,10
—	1,25
—	1,40
—	1,50
—	1,70
GATIEN.	0,60
—	0,80
—	1,00
—	1,10
—	1,25
—	1,40
—	1,50
—	1,70
GENGOUL, militaire.	1,00
—	1,40
GENEVIÈVE (Sainte).	1,00
—	1,25
—	1,40
—	1,80
GEORGES, guerrier.	1,00
—	1,40
—	1,70
GÉRARD.	0,60
—	0,80
—	1,00
—	1,10
—	1,25
—	1,40
—	1,50
—	1,75
GERMAIN.	0,60
—	0,80
—	1,00

NOMS DES SAINTS.	HAUTEUR.
GERMAIN.	1,10
—	1,25
—	1,40
—	1,70
GERVAIS.	0,70
—	1,00
—	1,30
—	1,40
—	1,65
GÉRY.	0,60
—	0,80
—	1,00
—	1,10
—	1,25
—	1,40
—	1,50
—	1,70
GILBERT.	1,00
—	1,40
GILLES.	0,80
—	1,20
—	1,40
GODARD.	0,60
—	0,80
—	1,00
—	1,10
—	1,25
—	1,40
—	1,50
—	1,70
GODEBERTE (Sainte).	0,70
—	1,00
—	1,25
—	1,30
—	1,40
—	1,70
GODEFROY.	0,60
—	0,80
—	1,00
—	1,10
—	1,25
—	1,40
—	1,50
—	1,70
GOERY.	0,60
—	0,80
—	1,00
—	1,10
—	1,25
—	1,40
—	1,50
—	1,70
GOMERT.	1,00
—	1,40
GONZAGUE (Louis de).	1,00
—	1,40
—	1,70
GORDIEN.	1,00
—	1,40
GRÉGOIRE.	0,60
—	0,80
—	1,00
—	1,10
—	1,25
—	1,40
—	1,50
—	1,70
GUIBERT.	1,00
—	1,40
GUICHARD.	0,60
—	0,80
—	1,00
—	1,10
—	1,25

NOMS DES SAINTS.	HAUTEUR.
GUICHARD.	1,40
—	1,50
—	1,70
GUILLAUME.	0,60
—	0,80
—	1,00
—	1,10
—	1,25
—	1,40
—	1,50
—	1,70
HEDWIGE (Sainte).	1,25
HÉLÈNE (Sainte).	0,70
—	1,00
—	1,10
—	1,25
—	1,40
—	1,50
—	1,70
HENRY.	0,80
—	1,20
—	1,40
HERVÉ.	0,80
—	1,20
—	1,40
HILAIRE.	0,60
—	0,80
—	1,00
—	1,10
—	1,25
—	1,40
—	1,50
—	1,70
HIPPOLYTE.	0,70
—	1,00
—	1,30
—	1,40
—	1,65
HONORÉ.	0,60
—	0,80
—	1,00
—	1,10
—	1,25
—	1,40
—	1,50
—	1,70
HUGUES.	0,60
—	0,80
—	1,00
—	1,10
—	1,25
—	1,40
—	1,50
—	1,70
IDA (Sainte).	0,70
—	1,00
—	1,10
—	1,25
—	1,30
—	1,40
—	1,70
IGNACE.	0,60
—	0,80
—	1,00
—	1,10
—	1,25
—	1,40
—	1,50
—	1,70
IMMACULÉE.	0,70

NOMS DES SAINTS.	HAUTEUR.
IMMACULÉE.	0,90
—	1,00
—	1,15
—	1,30
—	1,40
—	1,50
—	1,80
—	2,20
—	2,50
INNOCENT.	0,60
—	0,80
—	1,00
—	1,10
—	1,25
—	1,40
—	1,50
—	1,70
IRÈNE (Sainte).	0,70
—	1,00
—	1,10
—	1,25
—	1,30
—	1,40
—	1,70
ISAAC.	0,80
—	1,20
—	1,40
ISBURGE (Sainte).	0,70
—	1,00
—	1,25
—	1,30
—	1,40
—	1,70
ISIDORE.	1,00
—	1,40
IVAN.	0,80
—	1,20
—	1,40
JACOB.	0,70
—	1,00
—	1,30
—	1,40
—	1,65
—	1,80
JACQUES.	0,60
—	0,80
—	1,00
—	1,15
—	1,25
—	1,40
—	1,50
—	1,75
JANVIER.	0,60
—	0,80
—	1,00
—	1,10
—	1,25
—	1,40
—	1,50
—	1,70
JEAN L'AUMONIER.	0,60
—	0,80
—	1,00
—	1,25
—	1,40
—	1,50
—	1,70
JEAN BAPTISTE.	1,00
—	1,40
—	1,50
JEAN, évangéliste.	1,00
—	1,15
—	1,40

NOMS DES SAINTS.	HAUTEUR.
JEAN, évangéliste,	1,80
JEAN.	0,60
—	0,80
—	1,00
—	1,15
—	1,25
—	1,40
—	1,50
—	1,70
—	1,80
JEANNE (Sainte).	1,00
—	1,10
—	1,25
—	1,30
—	1,40
—	1,70
JOACHIM.	0,70
—	1,00
—	1,15
—	1,30
—	1,40
—	1,65
—	1,70
JOSEPH.	0,70
—	0,80
—	1,00
—	1,15
—	1,30
—	1,40
—	1,65
—	1,80
JUDITH (Sainte).	0,90
—	1,00
—	1,25
—	1,30
—	1,50
—	1,70
JULES.	0,60
—	0,80
—	1,00
—	1,10
—	1,25
—	1,40
—	1,50
—	1,70
JULIE (Sainte).	0,50
—	1,00
—	1,25
—	1,30
—	1,40
—	1,50
—	1,70
JULIEN.	0,70
—	1,00
—	1,30
—	1,40
—	1,65
JULIENNE (Sainte),	0,50
—	1,00
—	1,25
—	1,30
—	1,40
—	1,50
—	1,70
JUST.	0,70
—	1,00
—	1,30
—	1,40
—	1,65
JUSTINE (Sainte).	0,50
—	1,00
—	1,25
—	1,30
—	1,40

NOMS DES SAINTS.	HAUTEUR
JUSTINE (Sainte).	1,50
—	1,70
LAMBERT.	0,60
—	0,80
—	1,00
—	1,10
—	1,25
—	1,40
—	1,50
—	1,70
LANDRY.	0,60
—	0,80
—	1,00
—	1,10
—	1,25
—	1,40
—	1,50
—	1,70
LANFRANC.	0,60
—	0,80
—	1,00
—	1,10
—	1,25
—	1,40
—	1,50
—	1,70
LAURENT.	0,60
—	0,80
—	1,00
—	1,20
—	1,25
—	1,40
—	1,50
—	1,70
LAZARE.	0,60
—	0,80
—	1,00
—	1,10
—	1,25
—	1,40
—	1,50
—	1,70
LÉGER ou LIGIER.	0,60
—	0,80
—	1,00
—	1,10
—	1,25
—	1,40
—	1,50
—	1,70
LÉOCADIE (Sainte).	0,70
—	1,00
—	1,25
—	1,30
—	1,40
—	1,70
LÉON,	0,60
—	0,80
—	1,00
—	1,25
—	1,40
—	1,50
—	1,70
LÉONARD.	0,80
—	1,20
—	1,40
LÉONCE.	0,70
—	1,00
—	1,30
—	1,40
—	1,65
LÉONCIUS.	1,00
—	1,40

NOMS DES SAINTS.	HAUTEUR.
LEU.	0,60
—	0,80
—	1,00
—	1,10
—	1,25
—	1,40
—	1,50
—	1,70
LIBORIUS.	0,60
—	0,80
—	1,00
—	1,10
—	1,25
—	1,40
—	1,50
—	1,70
LICIA (Sainte).	0,50
—	1,00
—	1,25
—	1,30
—	1,40
—	1,50
—	1,70
LIÉ.	1,00
—	1,40
LOMER.	1,00
—	1,20
—	1,40
LOUIS.	0,69
—	0,80
—	1,00
—	1,10
—	1.25
—	1,40
—	1,50
—	1,70
LOUIS DE GONZAGUE.	1,00
—	1,40
—	1,70
LOUP.	0,60
—	0,80
—	1,00
—	1,10
—	1,25
—	1,40
—	1,50
—	1,70
LUBIN.	0,60
—	0,80
—	1,00
—	1,10
—	1,25
—	1,40
—	1,50
—	1,70
LUC.	1,00
—	1,15
—	1,30
—	1,40
—	1,65
—	1,80
LUCE (Sainte).	0,50
—	1,00
—	1,25
—	1,30
—	1,40
—	1,70
LUCIE (Sainte).	0,50
—	1,00
—	1,10
—	1,25
—	1,30
—	1,40
—	1,70

NOMS DES SAINTS.	HAUTEUR.
LUCIEN.	0,70
—	1,00
—	1,30
—	1,40
—	1,65
—	1,70
LUCIUS.	0,60
—	0,80
—	1,00
—	1,10
—	1,25
—	1,40
—	1,50
—	1,70
MACAIRE.	0,60
—	0,80
—	1,00
—	1,10
—	1,25
—	1,40
—	1,50
—	1,70
MACLOU.	0,60
—	0,80
—	1,00
—	1,10
—	1,25
—	1,40
—	1,50
—	1,70
MADELEINE.	0,50
—	1,00
—	1,25
—	1,30
—	1,40
—	1,70
—	1,90
MAGLOIRE.	0,60
—	0,80
—	1,00
—	1,10
—	1,25
—	1,40
—	1,50
—	1,70
MAGNE.	0,60
—	0,80
—	1,00
—	1,10
—	1,25
—	1,40
—	1,50
—	1,70
MALACHIE.	0,60
—	0,80
—	1,00
—	1,10
—	1,25
—	1,40
—	1,50
—	1,70
MARC.	0,60
—	0,80
—	1,00
—	1,10
—	1,25
—	1,40
—	1,50
—	1,70
MARCEL.	0,60
—	0,80
—	1,00
—	1,10

NOMS DES SAINTS.	HAUTEUR.
MARCEL.	1,25
—	1,40
—	1,50
—	1,70
MARCELIN.	0,60
—	0,80
—	1,00
—	1,10
—	1,25
—	1,40
—	1,50
—	1,70
MARCIEN.	0,70
—	1,00
—	1,30
—	1,40
—	1,65
—	1,70
MARCIENNE (Sainte).	0,50
—	1,00
—	1,25
—	1,30
—	1,40
—	1,70
MARCOU.	0,80
—	1,20
—	1,40
MARDONIUS.	1,00
—	1,40
MARGUERITE (Sainte).	0,50
—	1,00
—	1,25
—	1,30
—	1,40
—	1,70
MARIE (Sainte).	0,50
—	1,00
—	1,25
—	1,30
—	1,40
—	1,70
MARIN.	0,60
—	0,80
—	1,00
—	1,10
—	1,25
—	1,40
—	1,50
—	1,70
MARS.	0,80
—	1,20
—	1,40
ARTHE (Sainte).	0,50
—	1,00
—	1,25
—	1,30
—	1,40
—	1,65
—	1,70
MARTIAL.	0,60
—	0,80
—	1,00
—	1,10
—	1,25
—	1,40
—	1,50
—	1,70
MARTIEN.	0,80
—	1,20
—	1,40
MARTIN.	0,60
—	0,80
—	1,00
—	1,10

NOMS DES SAINTS.	HAUTEUR.
MARTIN.	1,25
—	1,40
—	1,50
—	1,70
MARTINE (Sainte).	0,50
—	1,00
—	1,25
—	1,30
—	1,40
—	1,70
MARTINIEN.	0,80
—	1,00
—	1,20
—	1,40
MARTIUS.	0,80
—	1,20
—	1,40
MATHIAS.	0,70
—	1,00
—	1,30
—	1,40
—	1,65
—	1,70
MATTHIEU.	0,70
—	1,00
—	1,30
—	1,40
—	1,65
—	1,70
MATHURIN.	1,00
—	1,40
—	1,70
MAUR.	1,00
—	1,40
MAURE (Sainte).	0,50
—	1,00
—	1,10
—	1,25
—	1,30
—	1,40
—	1,70
MAURICE.	1,00
—	1,40
MAURILLE.	0,60
—	0,80
—	1,00
—	1,10
—	1,25
—	1,40
—	1,50
—	1,70
MAXELINDE (Sainte).	1,00
—	1,25
—	1,30
—	1,40
—	1,70
MAXIME.	0,60
—	0,80
—	1,00
—	1,10
—	1,25
—	1,40
—	1,50
—	1,70
MAXIMIANUS.	0,60
—	0,80
—	1,00
—	1,10
—	1,25
—	1,40
—	1,50
—	1,70
MAXIMILIEN.	0,60
—	0,80

NOMS DES SAINTS.	HAUTEUR.
MAXIMILIEN.	1,00
—	1,10
—	1,25
—	1,40
—	1,50
—	1,70
MAXIMIN.	0,60
—	0,80
—	1,00
—	1,10
—	1,25
—	1,40
—	1,50
—	1,70
MÉDARD.	0,60
—	0,80
—	1,00
—	1,10
—	1,25
—	1,40
—	1,50
—	1,70
MÉLANIE (Sainte).	0,50
—	1,00
—	1,25
—	1,30
—	1,40
—	1,70
MÉLÈCE.	0,50
—	0,80
—	1,00
—	1,10
—	1,25
—	1,30
—	1,40
—	1,70
MEMMIUS.	0,60
—	0,80
—	1,00
—	1,10
—	1,25
—	1,40
—	1,50
—	1,70
MENNE (Sainte).	0,50
—	1,00
—	1,25
—	1,30
—	1,40
—	1,70
MINODORA (Sainte).	0,50
—	1,00
—	1,25
—	1,30
—	1,40
—	1,70
MÉORTIUS.	1,00
—	1,40
MESMIN.	0,80
—	1,00
—	1,20
—	1,40
—	1,70
MAIXENT.	1,00
—	1,40
—	1,70
MÉTHODIUS.	0,70
—	1,00
—	1,30
—	1,40
—	1,70
MILHAN	1,00
—	1,40
MILON.	0,60

NOMS DES SAINTS.	HAUTEUR.
MILON.	0,80
—	1,00
—	1,10
—	1,25
—	1,40
—	1,50
—	1,70
MITRE.	1,00
—	1,40
MOMMOLIN.	0,60
—	0,80
—	1,00
—	1,10
—	1,25
—	1,40
—	1,50
—	1,70
MONDRY.	0,60
—	0,80
—	1,00
—	1,10
—	1,25
—	1,40
—	1,50
—	1,70
MONON.	0,80
—	1,20
—	1,40
MONTANT ou MONTAIN.	0,80
—	1,20
—	1,40
MORAN.	0,80
—	1,20
—	1,40
MOISE.	0,80
—	1,20
—	1,40
—	1,80
NARCISSE.	0,60
—	0,80
—	1,00
—	1,10
—	1,25
—	1,40
—	1,50
—	1,70
NATHALIE (Sainte).	0,50
—	1,00
—	1,25
—	1,30
—	1,40
—	1,70
NAZAIRE.	0,70
—	1,00
—	1,30
—	1,40
—	1,70
NÉRUSIE (Sainte).	0,50
—	1,00
—	1,25
—	1,30
—	1,40
—	1,70
NESTOR.	0,70
—	1,00
—	1,30
—	1,40
—	1,65
NICAISE.	0,60
—	0,80
—	1,00
—	1,10

NOMS DES SAINTS.	HAUTEUR.	NOMS DES SAINTS.	HAUTEUR.	NOMS DES SAINTS.	HAUTEUR.	NOMS DES SAINTS.	
NICAISE.	1,25	PATRICE.	1,25	PIAT.	1,70	PROTÊT.	1,00
—	1,40	—	1,40	PIERRE.	0,70	—	1,30
—	1,50	—	1,50	—	1,00	—	1,40
—	1,70	—	1,70	—	1,15	—	1,65
NICOLAS.	0,60	PAUL.	1,00	—	1,30		
—	0,80	—	1,15	—	1,40	QUIRIAS.	0,60
—	1,00	—	1,30	—	1,70	—	0,80
—	1,10	—	1,40	—	1,80	—	1,00
—	1,25	—	1,70	PLACIDE.	0,80	—	1,10
—	1,40	—	1,80	—	1,20	—	1,25
—	1,50	PAULINE (Sainte).	0,50	—	1,40	—	1,40
—	1,70	—	1,00	PLACIDE (Sainte).	0,50	—	1,50
NICOMÈDE.	1,00	—	1,25	—	1,00	—	1,70
—	1,40	—	1,30	—	1,25	QUIRIN.	0,60
—	1,70	—	1,40	—	1,30	—	0,80
NORBERT.	0,60	—	1,70	—	1,40	—	1,00
—	0,80	PÉLAGE.	0,60	—	1,70	—	1,10
—	1,00	—	0,80	POLYCARPE.	0,60	—	1,25
—	1,10	—	1,00	—	0,80	—	1,40
—	1,25	—	1,10	—	1,00	—	1,50
—	1,40	—	1,25	—	1,10	—	1,70
—	1,50	—	1,40	—	1,25	QUIRINUS.	1,00
—	1,70	—	1,50	—	1,40	—	1,40
NYMPHA.	0,50	—	1,70	—	1,50		
—	1,00	PÉLAGIE (Sainte).	0,95	—	1,70	RADEGONDE.	0,50
—	1,10	—	1,25	POTENTIEN.	0,60	—	1,00
—	1,25	—	1,40	—	0,80	—	1,25
—	1,30	—	1,70	—	1,00	—	1,30
—	1,40	PELÉE.	0,60	—	1,10	—	1,40
—	1,70	—	0,80	—	1,25	—	1,70
		—	1,00	—	1,40	RÉGIS (Saint FRANÇOIS).	1,00
ODILLON.	0,80	—	1,10	—	1,50	—	1,40
—	1,20	—	1,25	—	1,70	—	1,70
—	1,40	—	1,40	POTENTIENNE (Sainte).	1,00	REINE (Sainte).	0,50
ODON.	0,80	—	1,50	—	1,25	—	1,00
—	1,20	—	1,70	—	1,30	—	1,25
—	1,40	PÉTRONILLE (Sainte).	1,00	—	1,40	—	1,30
OLIVA (Sainte).	1,00	—	1,25	—	1,70	—	1,40
—	1,25	—	1,30	POTHIN.	0,60	—	1,70
—	1,30	—	1,40	—	0,80	REMBERT.	0,60
—	1,40	—	1,70	—	1,00	—	0,80
—	1,70	PHILÉMON.	1,00	—	1,10	—	1,00
		—	1,40	—	1,25	—	1,10
PACENTIUS.	1,00	PHILÉTARUS.	1,00	—	1,40	—	1,25
—	1,40	—	1,40	—	1,50	—	1,40
—	1,70	PHILIPPE.	0,60	—	1,70	—	1,50
PACOME.	0,80	—	0,80	POURCIN.	0,80	—	1,70
—	1,20	—	1,00	—	1,20	REMY.	0,60
—	1,40	—	1,10	—	1,40	—	0,80
PARDOU.	0,80	—	1,25	PRIX.	0,60	—	1,00
—	1,20	—	1,40	—	0,80	—	1,10
—	1,40	—	1,50	—	1,00	—	1,25
PARTHÉNUS.	0,60	—	1,70	—	1,10	—	1,40
—	0,80	—	1,80	—	1,25	—	1,50
—	1,00	PHILOMÈNE (Sainte).	0,50	—	1,40	—	1,70
—	1,25	—	1,00	—	1,50	RÉNÉ.	0,60
—	1,40	—	1,10	—	1,70	—	0,80
—	1,50	—	1,25	PRIVAT.	0,60	—	1,00
—	1,70	—	1,30	—	0,80	—	1,10
PASCAL.	0,60	—	1,40	—	1,00	—	1,25
—	0,80	—	1,70	—	1,10	—	1,40
—	1,00	PHOCAS.	0,60	—	1,25	—	1,50
—	1,10	—	0,80	—	1,40	—	1,70
—	1,25	—	1,00	—	1,50	RÉNEBART	
—	1,40	—	1,10	—	1,70	ou RENOBERT.	0,60
—	1,50	—	1,25	PROSPER.	0,60	—	0,80
—	1,70	—	1,40	—	0,80	—	1,00
PATERNE.	0,80	—	1,50	—	1,00	—	1,10
—	1,20	—	1,70	—	1,10	—	1,25
—	1,40	PIAMON.	0,80	—	1,25	—	1,40
PATRICE.	0,60	—	1,20	—	1,40	—	1,50
—	0,80	—	1,40	—	1,50	—	1,70
—	1,00	PIAT.	1,00	—	1,70	RIEUL.	0,60
—	1,10	—	1,40	PROTÊT.	0,70	—	0,80

NOMS DES SAINTS.	HAUTEUR.
RIEUL.	1,00
—	1,10
—	1,25
—	1,40
—	1,50
—	1,70
ROBERT.	0,80
—	1,20
—	1,40
ROCH.	1,00
—	1,40
ROMAIN.	1,00
—	1,20
—	1,40
—	1,70
ROMAN.	1,00
—	1,40
—	1,70
ROMARIN.	1,00
—	1,40
RONAN.	0,60
—	0,80
—	1,00
—	1,10
—	1,25
—	1,40
—	1,50
—	1,70
ROSALIE (Sainte).	1,00
—	1,25
—	1,30
—	1,40
—	1,70
RUSTIQUE.	1,00
—	1,40
—	1,70
SABAS.	0,80
—	1,00
—	1,20
—	1,40
SABIN.	0,70
—	1,00
—	1,30
—	1,40
—	1,65
SABINE (Sainte).	1,00
—	1,25
—	1,30
—	1,40
—	1,70
SALMONÉE (Sainte).	0,50
—	1,00
—	1,25
—	1,30
—	1,40
—	1,70
SAMSON.	0,60
—	0,80
—	1,00
—	1,10
—	1,25
—	1,40
—	1,50
—	1,70
SARA (Sainte).	0,95
—	1,00
—	1,25
—	1,40
—	1,70
SATURNIN.	0,60
—	0,80
—	1,00
—	1,40
SATURNIN.	1,25
—	1,40
—	1,50
—	1,70
SATYRE.	0,70
—	1,00
—	1,30
—	1,40
—	1,65
SAVINIEN ou SAVIN.	0,60
—	0,80
—	1,00
—	1,25
—	1,40
—	1,50
—	1,70
SÉBASTIEN.	1,15
SELVE.	0,60
—	0,80
—	1,00
—	1,10
—	1,25
—	1,40
—	1,50
—	1,70
SEPTIMIUS.	1,00
—	1,40
—	1,70
SÉRAPHIA (Sainte).	1,00
—	1,25
—	1,30
—	1,40
—	1,70
SÉRAPION.	0,60
—	0,80
—	1,00
—	1,10
—	1,25
—	1,40
—	1,50
—	1,70
SERVAIS.	0,60
—	0,80
—	1,00
—	1,10
—	1,25
—	1,40
—	1,50
—	1,70
SERVANT.	1,00
—	1,40
SÉVÈRE (Sainte).	1,00
—	1,25
—	1,30
—	1,40
—	1,70
SÉVERIN.	0,80
—	1,00
—	1,20
—	1,40
SIFRIN.	0,60
—	0,80
—	1,00
—	1,10
—	1,25
—	1,40
—	1,50
—	1,70
SILVAIN.	0,60
—	0,80
—	1,00
—	1,10
—	1,25
SILVAIN.	1,40
—	1,50
—	1,70
SILVESTRE.	0,60
—	0,80
—	1,00
—	1,10
—	1,25
—	1,40
—	1,50
—	1,70
SIMEON.	0,60
—	0,80
—	1,00
—	1,25
—	1,40
—	1,50
—	1,70
SIMON.	0,80
—	1,15
—	1,20
—	1,30
—	1,40
—	1,70
—	1,80
SIMPLICIEN.	0,60
—	0,80
—	1,00
—	1,25
—	1,40
—	1,50
—	1,70
SINSIXTE.	0,60
—	0,80
—	1,00
—	1,25
—	1,40
—	1,50
—	1,70
SOCRATE.	1,00
—	1,40
SOLEMNIS.	0,60
—	0,80
—	1,00
—	1,10
—	1,25
—	1,40
—	1,50
—	1,70
SOPHIE (Sainte).	0,50
—	1,00
—	1,25
—	1,30
—	1,40
—	1,70
SOULEINE.	0,60
—	0,80
—	1,00
—	1,25
—	1,40
—	1,50
—	1,70
SPIRIDION.	0,60
—	0,80
—	1,00
—	1,25
—	1,40
—	1,50
—	1,70
STANISLAS.	0,60
—	0,80
—	1,00
—	1,25
—	1,40
STANISLAS.	1,50
—	1,70
STAPIN.	0,60
—	0,80
—	1,00
—	1,25
—	1,40
—	1,50
—	1,70
STÉPHANIE (Sainte).	0,50
—	1,00
—	1,25
—	1,30
—	1,40
—	1,70
STRATONIQUE.	1,00
—	1,40
STURNE.	0,80
—	1,20
—	1,40
SULPICE.	0,60
—	0,80
—	1,00
—	1,10
—	1,25
—	1,40
—	1,50
—	1,70
SUZANNE (Sainte).	0,50
—	1,00
—	1,25
—	1,30
—	1,40
—	1,70
SYLVAIN.	0,60
—	0,80
—	1,00
—	1,10
—	1,25
—	1,40
—	1,50
—	1,70
SYLVESTRE.	0,60
—	0,80
—	1,00
—	1,10
—	1,25
—	1,40
—	1,50
—	1,70
SYLVIUS.	0,60
—	0,80
—	1,00
—	1,10
—	1,25
—	1,40
—	1,50
—	1,70
SYMÉO.	0,60
—	0,80
—	1,00
—	1,10
—	1,25
—	1,40
—	1,50
—	1,70
SYMMAQUE.	0,60
—	0,80
—	1,00
—	1,10
—	1,25
—	1,40
—	1,50
—	1,70

NOMS DES SAINTS.	HAUTEUR.
SYMPHORIEN.	0,70
—	1,00
—	1,30
—	1,40
—	1,65
SYMPHROSE (Sainte).	0,50
—	1,00
—	1,25
—	1,30
—	1,40
—	1,70
TAURIN.	0,60
—	0,80
—	1,00
—	1,10
—	1,25
—	1,40
—	1,50
—	1,70
THÈCLE (Sainte).	0,50
—	1,00
—	1,25
—	1,30
—	1,40
—	1,70
THÉMISTOCLE.	1,00
—	1,40
THÉOCTISTE.	0,60
—	0,80
—	1,00
—	1,10
—	1,25
—	1,40
—	1,50
—	1,70
THÉODORE.	1,00
—	1,40
THÉODULE.	0,60
—	0,80
—	1,00
—	1,10
—	1,25
—	1,40
—	1,50
—	1,70
THÉOPHILE.	1,00
—	1,40
—	1,70
THIBAUT.	0,80
—	1,20
—	1,40
THIBÈRE.	0,80
—	1,20
—	1,40
THIERRY.	0,80
—	1,20
—	1,40
HIMOTHÉE.	0,80
—	1,20
—	1,40
THOMAS.	0,70
—	1,00
—	1,15
—	1,30
—	1,40
—	1,70
—	1,80
THOMAS de CANTORBÉRY.	0,60
—	0,80
—	1,00
—	1,10
—	1,25

NOMS DES SAINTS.	HAUTEUR.
THOMAS de CANTORBÉRY.	1,40
—	1,50
—	1,70
THOMAS de VILLENEUVE.	0,60
—	0,80
—	1,00
—	1,10
—	1,25
—	1,40
—	1,50
—	1,70
TIMOTHÉE.	0,70
—	1,00
—	1,30
—	1,40
—	1,70
TOBIE.	1,00
—	1,40
TROJAN.	0,60
—	0,80
—	1,00
—	1,10
—	1,25
—	1,40
—	1,50
—	1,70
TRUDON.	1,00
—	1,40
—	1,70
TURIBE.	0,60
—	0,80
—	1,00
—	1,10
—	1,25
—	1,40
—	1,50
—	1,70
URBIN.	0,60
—	0,80
—	1,00
—	1,10
—	1,25
—	1,40
—	1,50
—	1,70
URSIN.	0,60
—	0,80
—	1,00
—	1,10
—	1,25
—	1,40
—	1,50
—	1,70
URSULE (Sainte).	0,50
—	1,00
—	1,25
—	1,30
—	1,40
—	1,70
VAAST.	0,60
—	0,80
—	1,00
—	1,10
—	1,25
—	1,40
—	1,50
—	1,70
VALENTIN.	0,60
—	0,80
—	1,00

NOMS DES SAINTS.	HAUTEUR.
VALENTIN.	1,10
—	1,25
—	1,40
—	1,50
—	1,70
VALÈRE (Sainte).	0,50
—	1,00
—	1,25
—	1,30
—	1,40
—	1,70
VALÉRIE (Sainte).	0,50
—	1,00
—	1,25
—	1,30
—	1,40
—	1,70
VALÉRIEN.	0,60
—	0,80
—	1,00
—	1,10
—	1,25
—	1,40
—	1,50
—	1,70
VALLIER.	1,00
—	1,40
—	1,70
VÉDAST.	0,60
—	0,80
—	1,00
—	1,10
—	1,25
—	1,40
—	1,50
—	1,70
VENANT.	0,80
—	1,20
—	1,40
VÉNÉRENDE (Sainte).	0,50
—	1,00
—	1,25
—	1,30
—	1,40
—	1,70
VÉRAN.	0,60
—	0,80
—	1,00
—	1,10
—	1,25
—	1,40
—	1,50
—	1,70
VICTOIRE (Sainte).	0,50
—	1,00
—	1,25
—	1,30
—	1,40
—	1,70
VICTOR.	0,60
—	0,80
—	1,00
—	1,10
—	1,25
—	1,40
—	1,50
—	1,70
VICTRICE.	0,60
—	0,80
—	1,00
—	1,10
—	1,25
—	1,40
—	1,50

NOMS DES SAINTS.	HAUTEUR.
VICTRICE.	1,70
VIERGE MÈRE.	0,60
—	0,70
—	0,80
—	1,00
—	1,10
—	1,20
—	1,30
—	1,40
—	1,50
—	1,60
—	1,65
—	1,80
—	2,00
VIGOR.	0,60
—	0,80
—	1,00
—	1,10
—	1,25
—	1,40
—	1,50
—	1,70
VINCENT.	0,70
—	1,00
—	1,30
—	1,40
—	1,65
VINCENT DE PAUL.	0,60
—	1,00
—	1,15
—	1,35
—	1,50
—	1,70
VITAL.	0,80
—	1,20
—	1,40
VORLE.	1,00
—	1,40
—	1,70
VUINEBAUD.	0,80
—	1,20
—	1,40
WAAST.	0,60
—	0,80
—	1,00
—	1,10
—	1,25
—	1,40
—	1,50
—	1,70
WALÉRIE.	0,80
—	1,20
—	1,40
WANDELIN.	0,80
—	1,20
—	1,40
YVES.	0,50
—	0,80
—	1,00
—	1,10
—	1,25
—	1,40
—	1,50
—	1,70
ZÉNOBE.	0,60
—	0,80
—	1,00
—	1,10
—	1,25
—	1,40
—	1,50
—	1,70

NOMS DES SAINTS.	HAUTEUR.	NOMS DES SAINTS.	HAUTEUR.	NOMS DES SAINTS.	HAUTEUR.	NOMS DES SAINTS.	HAUTEUR.
ZÉNOBIE (Sainte).	0,50	ZÉPHYRIN.	0,60	ZOÉ (Sainte).	0,50	ZOZIME.	0,80
—	1,00	—	0,80	—	1,00	—	1,00
—	1,25	—	1,00	—	1,25	—	1,10
—	1,30	—	1,10	—	1,30	—	1,25
—	1,40	—	1,25	—	1,40	—	1,40
—	1,70	—	1,40	—	1,70	—	1,50
ZÉNON.	1,00	—	1,50	ZOZIME.	0,60	—	1,70
—	1,40	—	1,70				

NOMS DES SAINTS DONT LES MODÈLES ONT ÉTÉ ACHEVÉS PENDANT L'IMPRESSION.

ABRAM, évêque.	1,40	BERTHE (Ste), abbesse.	0,65	LINDEGARDE (Sainte),		PIERRE d'Alcantara.	1,75
—	1,50	—	1,75	religieuse.	1,75	RÉMONT, dominicain.	1,00
—	1,75	CATHERINE de Sienne		MADELEINE de Pazzi,		—	1,75
ADLHÈME, moine.	1,00	(Sainte).	1,75	religieuse.	1,80	ROMBAUT.	1,15
—	1,40	CATHERINE de Sens				—	1,30
—	1,50	(Sainte)	0,65	MAXIMILIANUS, archev.	1,15	—	1,40
ADILIE (Sainte), abbesse.	0,65	—	1,70	—	1,30	—	1,70
—	1,75	CECILIA ROMANA (Ste).	0,65	—	1,40	—	1,80
AGABUS d'Antioche,		—	1,75	—	1,70	ROSE DE MARIE (Ste).	1,75
moine.	1,75	CLAIRE (Sainte).	1,80	—	1,80	ROSE de Lima (Sainte).	1,70
		COLETTE (Sainte).	1,75	MARGUERITE de Savoie,		SACRÉ-COEUR de Jésus.	1,50
ALBERT, religieux.	1,00	DIVINE BERGÈRE.	0,45	(Sainte).	1,75	—	1,65
—	1,40	—	1,75			SARA (Sainte), religieuse	0,65
—	1,50	EUSÈBE, évêque.	1,15	MARGUERITE		—	1,30
—	1,75	—	1,30	de Cortone (Sainte).	1,80	—	1,75
ALDEGONDE (Sainte),	1,80	—	1,40	N.-D. des Sept Douleurs.	1,50	SCOLASTIQUE (Sainte).	0.65
abbesse.		—	1,70	—	1,70	—	1,30
ALFIER, moine.	1,00	—	1,80	N.-DAME des Victoires.	0,90	—	1,75
—	1,40	GERTRUDE (Sainte),		—	1,20	SIMON STOCK.	1,75
—	1,50	abbesse.	0,65	—	1,50	SYMPHORIEN, martyr.	1,00
—	1,75	—	1,75	—	1,60	—	1,15
AMATUS, évêque.	1,10	JEANNE de Chantal (Ste).	1,70	—	1,70	—	1,30
—	1,30	JEANNE de la Croix (Ste).	0,65	NOTRE-DAME du Carmel	1,75	—	1,40
—	1,40	—	1,75	N.-DAME du Rosaire.	1,75	—	1,65
—	1,70	JEAN de la Croix.	1,75	OPPORTUNE (Sainte),		—	1,80
ANTIOCHE, solitaire.	1,00	LANFRANC, archevêq.	1,15	abbesse.	0,65	THÉRÈSE (Sainte).	1,30
—	1,40	—	1,30	—	1,30	—	1,65
ATHANASIE (Sainte),		—	1,40	—	1,70	—	1,75
abbesse.	1,70	—	1,50	OZANNE (Ste), religieuse.	1,30	URSULE (Sainte).	0,65
AURE (Sainte), abbesse.	0,65	—	1,70	—	1,75	—	1,30
—	1,75	—	5,80	PACIFIQUE.	1,75	—	1,75

Christs en Croix de toutes grandeurs. — **Jésus pour Crèches** de toutes dimensions.

PARIS. — IMPRIMERIE ADRIEN LE CLERE, RUE CASSETTE, 29.

AVIS

MM. les **Curés** desservants pourront prendre connaissance des dessins de l'Album chez **M.** le Curé-doyen de leur Canton.

Comme par le passé, on adressera FRANCO, et sur demande, les feuilles de l'Album contenant les statues dont on désirera faire l'acquisition.

Un Album sera adressé GRATIS à chaque Ecclésiastique qui fera une commande de 100 francs et au-dessus.

NOTA. — Le présent Tarif annule tous les précédents.

www.ingramcontent.com/pod-product-compliance
Lightning Source LLC
LaVergne TN
LVHW052026160826
845678LV00003B/1230

* 9 7 8 2 3 2 9 6 2 8 6 5 3 *